LE COMITÉ SOCIAL ET ÉCONOMIQUE : UN NOUVEAU DISPOSITIF

LE COMITÉ SOCIAL ET ÉCONOMIQUE : UN NOUVEAU DISPOSITIF

LexisNexis®

LexisNexis SA
141, rue de Javel – 75015 Paris

Siège social : 141, rue de Javel – 75015 Paris

Édition hors commerce

Sommaire

Avant-propos

1945, 1946, 1982 : le comité d'entreprise, les délégués du personnel, le CHSCT sont portés sur les fonts baptismaux. 22 septembre 2017 : l'ordonnance n° 2017-1386 sonne le glas de leur présence. Le comité social et économique est substitué aux instances précédentes de représentation du personnel. Parce qu'il était politiquement et socialement difficile de rompre totalement avec le passé, l'innovation participe souvent du jeu des apparences. Né d'une fusion, le comité social et économique emprunte beaucoup de ses traits au comité d'entreprise ; constitué dans une entreprise de moins de cinquante salariés, il obéit à un corpus normatif qui ne rompt guère avec celui qui gouvernait les délégués du personnel ; présent dans une entreprise d'au moins trois cents salariés, il doit comporter une commission dévolue au traitement des questions de santé, sécurité et conditions de travail qui se veut l'héritière du CHSCT. Si, entre passé et présent, les passerelles ne manquent pas, les points de rupture sont néanmoins fort nombreux. Ils s'expriment d'abord dans la volonté d'élargir le champ offert au contrat collectif à tous les temps de l'organisation et de la gestion du comité social et économique : à l'effort notamment entrepris en ce sens par la loi du 17 août 2015 un élan nouveau est donné. Au-delà, les changements techniques sont multiples, de détail parfois, majeurs en d'autres circonstances. Ils valent dès l'ouverture du processus visant à la constitution du comité lorsque doivent être déterminées les règles qui régiront le processus électoral ; ils s'expriment lorsqu'est renvoyée au seuil de trois cents salariés, au lieu de celui de cinquante salariés naguère retenu pour le CHSCT, la mise en place de la commission « santé, sécurité et conditions de travail » ; ils trouvent prolongement lorsqu'est déclinée la batterie des moyens du comité, qu'il s'agisse de son financement, des heures de délégation dévolues à ses membres, du recours à des experts... Si l'addition des points de rupture est la marque d'évolutions qui ne sont pas nécessairement secondaires, elle n'emporte pas pour autant révolution. De celle-ci les clés sont entre les mains des partenaires sociaux : au comité social et économique chef d'entreprise et syndicats peuvent conventionnellement substituer le conseil d'entreprise. Seul investi de la capacité de conclure, dans le cercle de l'entreprise, des accords collectifs, il prive les délégués syndicaux de leur fonction première. Pour peu que l'employeur doive fréquemment solliciter son avis conforme avant de donner traduction aux projets dont il est porteur, le basculement vers une forme de cogestion est acquis. Reste à laisser au corps de règles issu de l'ordonnance du 22 septembre 2017 le temps de s'installer dans la pratique des entreprises. Si, aux principes posés, est assurée la même longévité qu'à ceux établis en 1945 au profit du comité d'entreprise, ils ont jusqu'aux derniers temps du XXIe siècle pour s'inscrire dans le paysage social et déployer leurs effets. Mais à pareille longévité il est loin d'être acquis que le législateur consente…

Bernard Teyssié,
Professeur émérite à l'Université Panthéon-Assas (Paris II)
Président honoraire de l'Université

L'IMPLANTATION DU COMITÉ SOCIAL ET ÉCONOMIQUE[1]

Jean-François Cesaro,
professeur à l'université Panthéon-Assas (Paris II)
Arnaud Teissier,
docteur en droit, avocat associé, Capstan Avocats

1 – Texte. – Le comité social et économique a vocation à devenir l'instance unique de représentation du personnel dans l'entreprise aux côtés de délégués syndicaux et de représentants de proximité. Il succède au comité d'entreprise, au comité d'hygiène, de sécurité et des conditions de travail ainsi qu'aux délégués du personnel. Cette modification importante du droit de la représentation du personnel est le résultat d'une succession fort rapide de textes : l'ordonnance n° 2017-1386 du 22 septembre 2017[2] adoptée en application de l'article 2 de la loi n° 2017-1340 du 15 septembre 2017[3] complétée par l'ordonnance n° 2017-1718 du 20 décembre 2017[4] puis par le décret n° 2017-1819 du 29 décembre 2017[5] et, enfin, par la loi de ratification n° 2018-217 du 29 mars 2018[6]. Cette grande rapidité dans la confection de la norme, conjuguée à l'importance du sujet, expose de manière mécanique à une certaine insécurité juridique. Certes, l'idée que ces textes consacrent résulte d'un processus plus ancien de convergence de la représentation du personnel que l'on trouvait

(1) Ndlr : cette étude est issue de l'intervention des auteurs au colloque organisé le 1er juin 2018, sous la présidence de Pierre-André Imbert et Laurence Pécaut-Rivolier, par le Laboratoire de droit social de l'université Panthéon-Assas (Paris II), sur le thème « Le comité social et économique ».
(2) *Ord. n° 2017-1386, 22 sept. 2018 : JO 23 sept. 2017 ; JCP S 2017, 1313, étude J.-Y. Kerbourc'h.*
(3) *L. n° 2017-1340, 15 sept. 2017 : JO 16 sept. 2017.*
(4) *Ord. n° 2017-1718, 20 déc. 2017 : JO 21 déc. 2017.*
(5) *D. n° 2017-1819, 29 déc. 2017 : JO 30 déc. 2017.*
(6) *L. n° 2018-217, 29 mars 2018 : JO 31 mars 2018.*

notamment dans la délégation unique du personnel[7], ensuite dans l'instance unique[8] ainsi que, dans une moindre mesure, dans l'instance de coordination des comités d'hygiène, de sécurité et des conditions de travail[9].

Si l'idée d'une représentation unifiée n'est pas nouvelle, l'obligation d'implanter le comité social et économique est, elle, immédiate. S'y trouvent en premier lieu confrontés les praticiens dans les entreprises ainsi que leurs conseils. Ce sont leurs choix, parfois hésitants, qui demain auront peut-être vocation à être soumis au juge. Deux séries de questions, de nature différente seront alors probablement posées. Celles qui, en premier lieu, portent sur l'implantation du comité dans la période de transition (1) et celles qui, une fois ce temps achevé, concernent l'implantation « de droit commun » du comité (2).

I. Implantation en transition

2 – Situation successive. – Le remplacement d'institutions aussi importantes que le comité d'entreprise, les délégués du personnel et le comité d'hygiène, de sécurité et des conditions de travail par une institution unique appelle nécessairement un dispositif transitoire consistant. En effet, la situation institutionnelle existante est de nature successive et ne peut faire l'objet d'un remplacement immédiat par la nouvelle institution.

Les dispositions relatives au comité social et économique ont vocation à s'appliquer depuis le 1er janvier 2018, c'est-à-dire depuis l'entrée en vigueur des décrets pris pour l'application de l'ordonnance n° 2017-1386 du 22 septembre 2017[10]. Depuis cette date, les entreprises dépourvues d'instances de représentation du personnel doivent vérifier si la mise en place d'un comité social et

(7) *L. n° 93-1313, 20 déc. 1993 quinquennale, relative au travail, à l'emploi et à la formation professionnelle : JO 21 déc. 1993.*

(8) *L. n° 2015-994, 17 août 2015, relative au dialogue social et à l'emploi : JO 18 août 2015.*

(9) *L. n° 2013-504, 14 juin 2013, relative à la sécurisation de l'emploi : JO 16 juin 2013.*

(10) *Ord. n° 2017-1386, 22 déc. 2017, préc. note 1, art. 9, I : « Les dispositions de la présente ordonnance, autres que celles mentionnées à l'article 8, entrent en vigueur à la date d'entrée en vigueur des décrets pris pour leur application, et au plus tard le 1er janvier 2018, sous réserve des dispositions prévues par le présent article ». D. n° 2017-1819, 29 déc. 2017, art. 6 : «(...) les dispositions du présent décret entrent en vigueur le 1er janvier 2018 ».* Sur ce point, *V. A. Teissier, La phase transitoire de mise en place du CSE : JCP S 2018, 1075.*

économique s'impose à elles, en lieu et place des délégués du personnel et/ou du binôme comité d'entreprise/comité d'hygiène, de sécurité et des conditions de travail.

Si les seuils d'effectifs sont atteints, c'est-à-dire si l'entreprise justifie d'un effectif d'au moins 11 salariés sur 12 mois consécutifs, il appartient à l'employeur de prendre l'initiative d'engager le processus électoral en vue de l'établissement d'un comité social et économique *(C. trav., art. L. 2314-4)*. Il faut cependant envisager, au préalable, la situation dans laquelle il n'y a pas d'institution implantée et, notamment, le sort d'un procès-verbal de carence établi antérieurement aux ordonnances.

3 – PV de carence. – La situation des entreprises qui avaient engagé un processus électoral ayant donné lieu à un procès-verbal de carence avant la publication de l'ordonnance n'a pas été envisagée par le législateur. Cette situation particulière ne correspondait à aucune des exceptions définies à l'article 9 de l'ordonnance n° 2017-1386 du 22 septembre 2017 autorisant à déroger à l'effet immédiat de la loi. La question est pourtant importante. En principe, l'existence d'un procès-verbal de carence exonère l'entreprise d'avoir à prendre l'initiative de nouvelles élections professionnelles pendant une durée de 4 années[11]. Toutefois, un procès-verbal de carence établi pour l'élection d'un comité d'entreprise – alors même que la création du comité social et économique n'était pas même envisagée – peut-il suffire à dispenser de mettre en place un comité social et économique à compter de la date d'effet de la loi nouvelle ? De façon très concrète : un procès-verbal adopté en 2015 autorise-t-il l'entreprise à attendre 2019 pour se soumettre au comité social et économique ? Ou bien, au contraire, la loi nouvelle rend-elle caduc le procès-verbal de carence, obligeant l'entreprise à se soumettre à l'effet immédiat de la loi dès le 1er janvier 2018 ?

Dans la mesure où le comité social et économique ne se confond pas avec les instances de représentation du personnel qui existaient jusqu'alors[12], la question de la portée de ce procès-verbal de carence pouvait se poser. En effet, le procès-verbal avait été établi pour une instance de représentation du personnel d'une nature juridique différente de celle du comité social et économique. Le

(11) Soit une durée équivalente à la durée légale des mandats de représentants du personnel.
(12) *Ord. n° 2017-1386, 22 déc. 2017, préc. note 1, art. 9*

document du ministère du Travail[13] apporte un éclairage tranché à cette question. La réponse n° 10 est sans équivoque : « le procès-verbal de carence établi antérieurement à la publication des ordonnances conserve sa valeur pour la durée des mandats de l'élection à laquelle il se rapporte. En conséquence, si ces mandats étaient de 4 ans, il sera valable jusqu'au 3 juin 2019 ». L'existence d'un procès-verbal antérieur à la publication des ordonnances ne pourra dispenser l'entreprise de mettre en place un comité social et économique que jusqu'au 31 décembre 2019, terme de la période transitoire ouverte par le législateur pour favoriser une mise en place progressive de la nouvelle instance.

Le ministère du Travail ajoute que, à tout instant, l'employeur peut faire le choix d'anticiper le processus électoral, renonçant ainsi à se prévaloir des « effets » du procès-verbal de carence. En tout état de cause, à défaut d'une initiative prise par l'employeur, un salarié ou une organisation syndicale peut à tout instant solliciter l'organisation d'élections dans une entreprise dépourvue de comité social et économique. L'employeur dispose alors d'un délai d'un mois pour s'y soumettre *(C. trav., art. L. 2314-8)*. Dans l'hypothèse où a été dressé un procès-verbal de carence, une telle demande ne peut être envisagée pendant les 6 mois suivant son adoption.

4 – Déclinaison de termes. – Le dispositif transitoire débute avec la publication des ordonnances et s'achève, au plus tard le 31 décembre 2019. En 2020, le comité social et économique aura remplacé toutes les institutions anciennes. Il est fondé sur un moment clé : la fin des mandats. C'est lors du renouvellement de l'une des institutions que le comité social et économique doit être mis en place. Il convient de rappeler que, s'agissant des anciennes institutions représentatives du personnel, le législateur a posé le principe de concordance des élections des délégués du personnel et du comité d'entreprise *(C. trav., art. L. 2314-6)* et, depuis la loi Rebsamen[14], du comité d'entreprise et du comité d'hygiène, de sécurité et des conditions de travail *(C. trav., art. L. 4613-1)*. En conséquence, même si l'entreprise se trouve en marge des prévisions légales en n'ayant pas d'élections synchronisées, le dispositif transitoire de mise en place du comité social et économique réglera la question en imposant un renouvellement intégral lors du terme de l'une d'elles.

(13) *V. 100 questions-réponses sur le CSE : Min. trav., 19 avr. 2018 : JCP S 2018, act. 125.*
(14) *L. n° 2015-994, 17 août 2015 : JO 18 août 2015.*

Ce principe posé, le législateur envisage quelques hypothèses spéciales pour permettre aux entreprises de faire face aux premières élections qui doivent avoir lieu.

5 – Avant le 23 septembre 2017. – Lorsque le protocole d'accord préélectoral a été conclu avant l'entrée en vigueur de l'ordonnance tandis que l'élection a lieu après, les institutions représentatives du personnel doivent être constituées ou renouvelées conformément aux dispositions anciennes[15]. Il faut un accord qui puisse être mis en œuvre. En conséquence, l'ancien droit ne s'appliquera pas si l'organisation des élections a été unilatéralement définie par l'employeur ou si l'accord n'a pas été valablement conclu[16]. Il en ira de même en cas « d'accord partiel », notamment lorsque les parties soumettent la question du découpage des établissements ou la répartition du personnel à l'Administration mais que, par ailleurs, elles ont formalisé un accord (nécessairement partiel). Si la décision administrative est postérieure à l'entrée en vigueur des ordonnances, le processus administratif suspendant le cours de l'élection, il est probable que le dispositif permettant la survie des institutions anciennes ne soit pas applicable. En conséquence, en raison de la prorogation des mandats pendant le temps de la procédure administrative, il est possible de considérer qu'ils atteignent leur terme entre la publication des ordonnances et le 31 décembre 2017.

6 – 23 septembre – 31 décembre 2017. – Lorsque le terme des mandats survient entre la date de publication des ordonnances et la fin de l'année 2017,

(15) La durée de leur mandat sera cependant abrégée puisque le comité social et économique devra être constitué au plus tard le 1er janvier 2020. Il est possible par accord ou par décision unilatérale d'organiser des élections à une date antérieure.
(16) Comme toutes exceptions, elles doivent s'entendre de manière restrictive. C'est ce qu'a confirmé le tribunal d'instance de Courbevoie dans un jugement du 17 octobre 2017 *(Cah. soc. 2017, n° 301, p. 531, note Y. Pagnerre).* Dans cette affaire, le tribunal d'instance a constaté qu'un protocole d'accord préélectoral (PAP) avait été adopté avant le 23 septembre 2017. Mais, il ne répondait pas aux conditions de double majorité fixée par les articles L. 2314-3-1 et L. 2324-4-1 du Code du travail alors applicables de sorte qu'il devait s'analyser en un PAP unilatéral. Le tribunal d'instance en déduit que l'entreprise ne pouvant justifier d'un PAP valablement conclu avant le 23 septembre 2017, elle ne répondait pas strictement à l'une des hypothèses l'autorisant à déroger à l'effet immédiat de la loi nouvelle. En conséquence, l'entreprise devait organiser – sans tarder, c'est-à-dire à compter du 1er janvier 2018 (*« dans les plus brefs délais suivant la ratification de l'ordonnance »*) – des élections en vue de la mise en place, non plus d'un comité d'entreprise, mais d'un CSE.

les mandats sont prorogés jusqu'à cette date[17]. Compte tenu des incertitudes liées à ce dispositif et de l'adoption en toute fin d'année du décret, certaines entreprises pourraient ne pas avoir pu mettre en place un comité social et économique. La doctrine suggère en ce cas de considérer qu'il y a une prorogation automatique des mandats[18]. Cette mansuétude ne sera pas nécessaire pour les entreprises qui auront usé de la faculté, offerte par le texte, de prolonger les mandats au plus d'un an par accord collectif ou par décision unilatérale. Les mandats étant automatiquement prorogés au 31 décembre 2017, le guide du ministère estime que c'est à compter de cette dernière date que le report d'un an prend effet, permettant d'organiser les nouvelles élections jusqu'à la fin de l'année 2018[19]. Ce point pourrait être discuté car c'est au terme normal du mandat que débute la prorogation.

7 – Janvier 2018 – décembre 2018. – Lorsque le renouvellement doit avoir lieu en 2018, il est possible par voie d'accord ou de manière unilatérale de réduire ou de proroger les mandats au plus d'un an. Il nous semble qu'en ce cas encore, c'est la date du terme des mandats qui importe.

8 – Janvier 2019 – janvier 2020. – Enfin, toujours selon les mêmes modalités, lorsque le terme des mandats doit intervenir en 2019, il est possible de réduire leur durée d'un an au maximum. En principe, en revanche, il n'est pas possible de proroger les mandats en ce cas, sauf pour procéder à une synchronisation des élections. L'an 2020 sera celui de l'extinction complète des comités d'entreprise, des comités d'hygiène, de sécurité et des conditions de travail et des délégués du personnel. En conséquence, si les mandats sont supposés s'achever cette année, l'élection du comité social et économique devra intervenir au plus tard le 31 décembre 2019[20].

9 – Questions communes. – Dans tous ces cas de réduction ou de prorogation du mandat des institutions en place, faute de précision, le droit commun de la négociation collective s'applique. Si l'employeur fait le choix de passer par la voie unilatérale, l'ordonnance fixe la liste des institutions devant être consultées. Celle-ci ne

(17) *Ord. n° 2017-1386, préc. note 1, art. 9, II, 2°.*

(18) En ce sens, *K. Pagani, Y. Pagnerre, Le Vade-mecum des ordonnances « Macron » : éd. Gualino, 2018, spéc. p. 166.*

(19) V. *100 questions-réponses sur le CSE : Min. Trav., 19 avr. 2018, préc. note 12. 19. Ord. n° 2017-1386, 22 sept. 2017, préc. note 1, art. 9, II, al. 1.*

(20) En ce sens, *K. Pagani et. Pagnerre, ouvrage préc. note 17, spéc. p. 165.*

comprenant pas le comité d'hygiène, de sécurité et des conditions de travail, il ne participera donc pas au processus de décision[20]. Le texte ne l'interdisant pas et le guide ministériel étant en ce sens, il est possible de proroger plusieurs fois les mandats. Cependant, cette prorogation ne peut aller au-delà de la date butoir du 31 décembre 2019, ni dépasser une durée maximale d'une année[21].

10 – Synchronisation nécessaire. – Lorsque l'élection du comité social et économique survient dans un périmètre donné (entreprise, établissement...), elle doit emporter la fin de toutes les instances anciennes qui y sont encore implantées et dont le mandat n'est pas encore arrivé à terme. Si l'ensemble des mandats arrivent à expiration à une même date, l'alignement des planètes est parfait ; le passage au comité social et économique se fera à cette date de référence unique. Plus l'entreprise est complexe, moins l'alignement des planètes est assuré. Lorsque, au sein d'une même entreprise (ou d'une UES), les échéances électorales ne coïncident pas, la fixation de la date à retenir pour le passage au comité social et économique est alors en jeu. La question d'une éventuelle synchronisation est alors posée.

De façon synthétique, les situations de décalage dans le temps des échéances électorales peuvent être révélées dans deux hypothèses :

– 1re *hypothèse :* au sein d'un périmètre donné (entreprise ; établissement), le terme des mandats des instances anciennes de représentation du personnel (délégués du personnel, comité d'entreprise et comité d'hygiène, de sécurité et des conditions de travail) ne coïncide pas. Par exemple : les élections des délégués du personnel doivent se tenir en juin 2018, tandis que les mandats du comité d'entreprise et du comité d'hygiène, de sécurité et des conditions de travail arrivent à échéance au mois de janvier 2019 ;

– 2e *hypothèse :* au sein d'une même entreprise, composée de plusieurs établissements, chacun doté d'une représentation du personnel propre, les échéances électorales ne coïncident pas. Par exemple : une entreprise est dotée de deux comités d'établissement, dont l'échéance des mandats est fixée au mois de juin 2018 pour l'un et au mois de janvier 2019 pour l'autre.

Il convient de relever que ces deux hypothèses peuvent aussi se conjuguer. Il en est ainsi lorsque, au sein d'une entreprise composée de plusieurs établissements, les dates des élections dans les différents établissements ne coïncident

(21) V. *100 questions-réponses sur le CSE : Min. trav., 19 avr. 2018, préc. note 12.*

pas et que, au surplus, au sein d'un ou plusieurs établissements, les termes des mandats en cours des instances anciennes de représentation du personnel ne coïncident pas davantage.

11 – Les dispositions mobilisables. – Ces différentes situations ne correspondent donc pas à celles décrites précédemment. Dès lors qu'il n'y a plus une mais plusieurs dates d'échéance pour les mandats en cours, les solutions proposées à l'article 9, II de l'ordonnance n° 2017-1386 du 22 septembre 2017 ne sont pas transposables. Se pose alors la question du traitement de ces situations. Le législateur a imaginé un dispositif spécifique, assurant la promotion d'un mécanisme de synchronisation. Il s'agit de l'article 9, III. Toutefois, la question de la synchronisation ne doit pas être envisagée de la même façon selon la situation considérée.

12 – Synchronisation obligatoire. – Lorsque la synchronisation vise à faire coïncider le terme des mandats des instances anciennes de représentation du personnel au sein d'une entreprise monoétablissement ou au sein d'un établissement d'une entreprise (ou d'une UES), elle ne se discute pas ; elle s'impose. En effet, il n'est pas possible que, sur le même périmètre, soit constitué un comité social et économique ou un comité social et économique d'établissement alors que survivraient, par exemple, les délégués du personnel ou le comité d'hygiène, de sécurité et des conditions de travail. En effet, le comité social et économique qui conjugue les attributions des instances anciennes de représentation du personnel ne peut cohabiter avec elles. Aussi, lorsque les délégués du personnel, le comité d'entreprise et/ou le comité d'hygiène, de sécurité et des conditions de travail n'ont pas les mêmes échéances électorales, l'employeur doit mobiliser les dispositions de l'article 9, III afin de réduire ou proroger les mandats des instances en place en vue d'assurer la synchronisation des échéances électorales et permettre de basculer vers le comité social et économique à une date unique.

13 – Synchronisation facultative. – Lorsque la synchronisation vise à faire coïncider les échéances électorales des différents comités d'établissement en place au sein d'une entreprise ou d'une unité économique et sociale, les termes du débat sont sensiblement différents. En effet, dès lors que les périmètres des différents établissements ne se chevauchent pas, rien ne semble s'opposer à une cohabitation – au sein d'une même entreprise ou d'une unité économique et sociale – d'un comité d'établissement et d'un comité social et économique d'établissement. Au sein de chaque établissement, chaque comité (comité d'établissement ou comité social et économique d'établissement) exercera ses prérogatives propres, sans risque de « frottements ». Les comités d'établissement peuvent ainsi, selon le rythme de leurs échéances électorales respectives, envisager un basculement vers le format comité social et économique de manière successive et non simultanée. La date des élections au sein de chaque établissement sera alors celle du terme des mandats en cours ou la date choisie par application des prescriptions de l'article 9, II.

Cependant, dès la première implantation d'un comité social et économique, la question du découpage de l'entreprise en établissements distincts se posera. Celui-ci procède en effet nécessairement d'un accord d'entreprise spécifique. La situation la plus simple est celle dans laquelle tous s'accordent à maintenir les anciens périmètres. Elle devient plus délicate si lors du premier renouvellement un nouveau découpage de l'entreprise est décidé. En ce cas, le chevauchement de l'établissement où un comité social et économique doit être implanté sur celui où un CE doit encore, pour un certain temps, subsister ne peut être admis. Réciproquement un redécoupage ne doit pas laisser, même temporairement une partie de l'entreprise sans représentation.

Un redécoupage sans synchronisation est donc possible :

– entre des établissements où l'élection a lieu de manière simultanée (synchronisation partielle préexistante qui déplace les frontières séparant deux anciens établissements);

– lorsqu'il s'agit de subdiviser un établissement au sens du CE en plusieurs établissements au sens du comité social et économique.

14 – L'enjeu de l'instance centrale. – La question de la synchronisation affecte en réalité surtout la constitution de l'instance centrale. À cet égard, il convient de relever que l'article 9, III est la seule disposition qui aborde directement la question du comité social et économique central. Ce texte prévoit la possibilité d'allonger ou de réduire les mandats sans poser de limite temporelle. Il importe donc peu qu'il s'agisse de mandats s'achevant en 2017, en 2018 ou en 2019. Dès lors que la date du passage en format comité social et économique n'est pas la même pour tous les établissements, une date de référence pivot pour la transformation du comité central d'entreprise (CCE) en comité social et économique central ne peut évidemment pas être retenue. Pour autant, le législateur n'a pas envisagé, dans une telle situation, qu'une synchronisation soit impérative. La formulation de l'article 9, III envisage clairement la synchronisation comme une faculté, nullement comme une obligation, que l'employeur est libre de mobiliser ou non : « *la durée des mandats (...) peut être, pour un établissement ou pour l'ensemble de l'entreprise, prorogée ou réduite (...)* ».

15 – Difficultés de cohabitation ? – La cohabitation, durant la phase transitoire, d'instances de nature différente au niveau local va nécessairement soulever de nombreuses interrogations d'ordre pratique au niveau central.

La première consistera à déterminer la nature de cette instance centrale. Dans une telle configuration, faut-il considérer qu'il s'agit toujours d'un comité central d'entreprise tant que l'ensemble des comités d'établissement n'ont pas été transformés en comité social et économique ? Faut-il au contraire considérer qu'il s'agit d'un comité social et économique central dès lors qu'un comité d'établissement est devenu comité social et économique d'établissement ? Faut-il considérer que l'instance centrale est de nature hybride durant la phase transitoire ? À notre sens, il convient de suivre la lettre du texte qui envisage le principe du passage au comité social et économique au moment du renouvellement de l'institution concernée (le terme du mandat étant le moment de ce basculement) de sorte que le CCE devrait survivre jusqu'à ce que l'ensemble des établissements soient dotés d'un comité social et économique ou qu'une date « anniversaire » d'élection du comité central d'entreprise soit connue.

Par conséquent, organiser la synchronisation des élections au sein des différents établissements d'une même entreprise ou d'une unité économique et sociale et, ainsi, permettre la constitution du comité social et économique central dans le prolongement, permet d'éviter ces nombreuses zones de flou, d'autant que le législateur n'a pas proposé une grille de lecture pour cette période hybride. D'ailleurs, tout en prenant bien soin de rappeler qu'il ne s'agit nullement d'une obligation[22], le ministère du Travail ne se limite pas à encourager les entreprises à envisager une synchronisation des élections[23].

(22) « Néanmoins, l'organisation simultanée des élections dans l'ensemble des établissements de l'entreprise n'est pas une obligation. L'employeur peut mettre en place les comités sociaux et économiques d'établissement à mesure qu'arriveront à échéance les mandats des membres des différents comités d'établissement » (*100 questions-réponses sur le CSE : Min. trav., 19 avr. 2018, question-réponse n° 11, p. 11*).

(23) « Il peut être souhaitable que les élections des comités sociaux et économiques d'établissement se déroulent à la même date de manière à procéder ensuite à l'élection des membres du comité social et économique central » (*100 questions-réponses sur le CSE : Min. trav., 19 avr. 2018, question-réponse n° 11, p. 11*).

16 – Mise en place synchronisée. – Si le choix est fait d'organiser un basculement vers le comité social et économique de manière synchronisée, l'article 9, III de l'ordonnance n° 2017-1386 offre la possibilité de définir une date d'élections unique, les mandats en cours pouvant être prolongés ou réduits sans limites temporelles pour assurer cette coïncidence. Bien entendu, cela ne vaut que dans la limite de la période transitoire, à savoir entre le 1er janvier 2018 et le 31 décembre 2019. Cette synchronisation est affirmée soit par accord collectif, soit par voie unilatérale, après consultation des représentants du personnel.

Cette faculté d'organiser des élections synchronisées ne peut être envisagée que pour l'ensemble du périmètre considéré. En d'autres termes, lorsque, au sein d'une entreprise composée de plusieurs établissements, des élections en vue de la mise en place d'un comité social et économique d'établissement ont déjà été organisées dans l'un des établissements, il n'est plus possible d'envisager une synchronisation. L'article 9, III permet la prolongation ou la réduction des mandats en cours seulement pour les instances anciennes, pas pour les comités sociaux et économiques.

Par ailleurs, la possibilité de retenir la synchronisation pour permettre le passage au comité social et économique pour l'ensemble des établissements à la même date et, par conséquent, la constitution du comité social et économique central à la même échéance ne signifie pas pour autant que les élections futures au sein des différents établissements devront nécessairement être organisées simultanément. En effet, l'article 9, III, alinéa 2, retient que l'entreprise qui met en œuvre une synchronisation de ses élections peut, dans le même temps, prévoir des durées de mandats différentes pour chacun de ses établissements[24] pour le premier cycle électoral suivant la mise en place du comité social et économique. Il s'agit d'un argument supplémentaire confirmant qu'il n'est pas exigé que la mise en place du comité social et économique soit nécessairement organisée de manière simultanée au sein de tous les établissements d'une même entreprise ou UES.

17 – Choix de la date des élections. – Lorsque l'employeur choisit la synchronisation, il lui appartient de définir la date unique retenue pour les élections. Mais le choix de cette échéance est-il totalement libre ? La réponse de

(24) Entre 2 et 4 ans.

l'Administration à cette question est tranchée mais peu argumentée[25]. Selon le ministère du Travail, l'entreprise devrait nécessairement se caler sur la date du renouvellement de l'une des instances en place. Cette solution peut se justifier lorsqu'il s'agit d'assurer la mise en place du comité social et économique dans un périmètre unique (au sein d'une entreprise monoétablissement, au sein d'un seul établissement...). En revanche, elle n'a pas de fondement lorsqu'il s'agit d'assurer la synchronisation des élections, ayant lieu à des dates différentes entre des périmètres d'implantations différents : établissements distincts d'une même entreprise ou UES.

La lecture des dispositions de l'article 9 de l'ordonnance n° 2017-1386 du 22 septembre 2017 suggère d'ailleurs une solution différente. En effet, l'intégralité du dispositif est construit pour offrir une relative souplesse pour le passage au comité social et économique ; dans la limite de la période transitoire ouverte entre le 1er janvier 2018 et le 31 décembre 2019, ce qui atténue considérablement d'éventuelles critiques d'un arbitraire dès lors que l'employeur s'écarterait du calendrier normal des élections. L'article 9, III, qui propose le mécanisme de la synchronisation, ne définit aucune contrainte pour la fixation de la date des élections, ce qui nous semble plaider en faveur de la plus grande liberté possible.

Certes, il pourrait être tentant d'établir un lien entre les dispositions du « II » et du « III » de l'article 9. En effet, dès lors que le « III » commence par la formule *« pour assurer la mise en place du comité social et économique »*, il peut être lu comme étant un instrument de mise en œuvre du « II », dont il serait le prolongement. Il est certain que, dans le cadre du « II », la date de mise en œuvre du comité social et économique est, par principe, fixée au terme des mandats existants, ce qui pourrait plaider en faveur d'un choix limité aux dates anniversaires des élections à venir. Toutefois, ce serait oublier que le « II » envisage aussi de pouvoir – autour de ce pivot de la date anniversaire des élections – fixer une autre date que l'employeur estimerait plus adaptée à la configuration de l'entreprise et au rythme de ses relations sociales, sans être tenu strictement par les dates anniversaires des élections à venir. À notre sens, cette logique doit

(25) *100 questions-réponses sur le CSE : Min. trav., 19 avr. 2018, question-réponse n° 4, exemple 3, p. 8.*

prévaloir en cas de synchronisation, le choix de la date étant alors contingenté par un seul cadre temporel, celui de la phase transitoire de mise en place du comité social et économique[26].

Si la transition constitue une part importante des préoccupations contemporaines, les questions qu'elle soulève sont, comme leur nom l'indique, transitoires... Plus durables sont en revanche les principes qui gouvernent l'implantation du comité social et économique, indépendamment du remplacement des institutions anciennes.

II. Implantation de droit commun

18 – Successeur unique. – Pour aborder la présentation du comité social et économique, il est parfois affirmé qu'il est le résultat d'une fusion entre les anciennes institutions que sont le comité d'entreprise, le comité d'hygiène, de sécurité et des conditions de travail et les délégués du personnel. Il est techniquement plus exact de le considérer comme leur successeur : les anciennes institutions ne sont plus obligatoires, le comité social et économique lui le devient et il hérite, mais ce n'est pas notre sujet, de leurs moyens[27]. La différence n'est pas simplement terminologique. La nouvelle institution ne doit pas être seulement perçue à la lumière des anciennes ; il s'agit là d'un guide faillible.

Il ne saurait être question de prétendre ici épuiser l'intégralité des questions que la mise en place du comité social et économique pose mais d'insister sur certains points clés de celle-ci, notamment le déclenchement de l'obligation, les périmètres d'implantation, la négociation du protocole d'accord préélectoral et la composition du comité social et économique constitué.

19 – Effectifs, les « poupées russes ». – Dès lors que l'entreprise justifie d'un effectif d'au moins 11 salariés, elle est tenue de mettre en place un comité social et économique. Première nouveauté, l'effectif est désormais mesuré conformément aux dispositions de l'article L. 1111-2 du Code du travail sur une période de 12 mois consécutifs. Jusqu'alors, le seuil devait avoir été atteint pendant 12 mois, consécutifs ou non, apprécié sur les 3 dernières années précédant

(26) Pas avant le 1er janvier 2018 ; pas après le 31 décembre 2019.
(27) V. L. *Marquet de Vasselot et A. Martinon, Les moyens du comité social et économique : JCP S 2018, 1226.*

l'échéance. Seconde nouveauté – sans doute la plus significative – le comité social et économique rassemble désormais en une instance unique les missions jusqu'alors réparties entre la délégation du personnel, le comité d'entreprise et le comité d'hygiène, de sécurité et des conditions de travail. Toutefois, le comité social et économique n'est pas systématiquement doté de l'ensemble de ces prérogatives. C'est l'effectif qui va permettre de mesurer l'obligation de mettre en place (ou non) un comité social et économique et de déterminer l'étendue de ses prérogatives. Dès lors qu'elle justifie d'un effectif supérieur à 11 salariés, l'entreprise est dotée d'un comité social et économique dont les prérogatives sont modulées pour s'adapter à la variation de ses effectifs. L'enveloppe du comité social et économique – qui a été doté par le législateur de la personnalité juridique à compter de 50 salariés *(C. trav., art. L. 2315-23)* – est donc maintenue mais se dilate ou se contracte selon l'importance de son effectif. Cette modularité décidée par la loi peut enfin être le résultat d'un contrat, le législateur ayant consacré un dispositif facultatif novateur, le conseil d'entreprise.

20 – Une modularité impérative : les effets de seuil *(C. trav., art. L. 2312-2)*. – Comme auparavant, le dépassement du seuil d'effectif de 50 salariés demeure un cap important pour l'exercice du dialogue social dans l'entreprise. Lorsque l'entreprise atteint cette dimension, lui est imposé le respect d'obligations beaucoup plus consistantes à l'égard des instances de représentation du personnel. Ces effets de seuil font d'ailleurs l'objet de critiques récurrentes. Les objecteurs font en particulier valoir que le pivot de 50 salariés serait trop radical. C'est sans doute la raison qui a conduit le législateur à adopter quelques règles visant à « lisser » les effets de seuil.

21 – Croissance des effectifs. – Lorsque, postérieurement à la mise en place du comité social et économique, l'effectif atteint le seuil de 50 salariés pendant 12 mois consécutifs, les membres du comité social et économique se verront doter – en cours de mandature – de certaines attributions d'information et de consultation réservées aux entreprises de plus de 50 salariés. Pour que ces évolutions s'installent de manière progressive, le législateur a retenu deux tempéraments *(C. trav., art. L. 2312-2, al. 1)* :

– l'un tient au périmètre des prérogatives additionnelles confiées au comité social et économique. Ce dernier se voit seulement doter des attributions d'information et de consultation récurrentes des entreprises d'au moins 50 salariés ;

– l'autre tient à sa mise en œuvre dans le temps. Le bénéfice de ces nouvelles attributions ne sera effectivement ouvert qu'à l'expiration d'un délai de 12 mois à compter de la réalisation de la condition susvisée. Au surplus, dans l'hypothèse où, à l'expiration de ce délai de 12 mois, le mandat du comité social et économique restant à courir s'avérerait inférieur à un an, le législateur décide que ce délai[28] est réputé ne courir qu'à compter du renouvellement du comité social et économique. De façon très concrète, les effets du dépassement du seuil de 50 salariés peuvent ainsi être reportés très significativement dans le temps, voire gommés. Par exemple, dans l'hypothèse où, à la date du renouvellement du comité social et économique, l'entreprise devait comptabiliser un effectif ne dépassant pas 50 salariés au cours de chacun des 12 mois précédant l'élection, le comité social et économique ne bénéficiera finalement pas du dépassement de seuil constaté au cours de la mandature précédente *(C. trav., art. L. 2312-3)*. L'élection en vue du renouvellement remet les compteurs à zéro.

Le législateur a donc confirmé sa volonté de lisser dans le temps les conséquences associées aux effets de seuil, mais aussi d'éviter les effets « d'accordéon », trop brusques. Il convient de relever que l'ajustement des attributions des membres du comité social et économique n'a été envisagé qu'à la hausse. Il n'existe aucune réciprocité en cas de baisse des effectifs en cours de mandat. Lorsque les effectifs baissent pendant 12 mois consécutifs au cours d'une mandature, les prérogatives du comité social et économique ne sont pas pour autant ajustées. De la même façon, dans l'hypothèse où l'entreprise devait voir fondre ses effectifs en dessous du seuil de 11 salariés pendant 12 mois consécutifs, le comité social et économique ne serait pas supprimé pour autant. Il y aura lieu d'attendre la prochaine échéance électorale pour vérifier si le renouvellement de l'instance doit ou non être réalisé *(C. trav., art. L. 2313-10)*.

22 – Première mise en place dans une entreprise d'au moins cinquante salariés. – Lorsqu'une entreprise jusqu'alors dépourvue de comité social et économique envisage sa mise en place pour la première fois, le législateur a imaginé un dispositif particulier pour les entreprises d'au moins 50 salariés. En effet, dans le cas où l'entreprise justifie d'un effectif d'au moins 50 salariés au cours

(28) Douze mois durant lesquels le CSE conserve les prérogatives attachées à un effectif inférieur à celui qui est en réalité le sien.

des 12 mois consécutifs précédant cette mise en place, sont organisés des « paliers » pour doter de manière progressive le comité social et économique de l'ensemble des attributs normalement offerts aux entreprises de cette dimension. Dans un premier temps, le comité social et économique exercera seulement les attributions réservées aux entreprises dont l'effectif est compris entre 11 et 49 salariés. Puis, à l'expiration d'un délai d'un an courant à compter de sa mise en place, le comité social et économique disposera de l'ensemble des attributions normalement dévolues aux comités constitués dans les entreprises d'au moins 50 salariés *(C. trav., art. L. 2312-2, al. 2)*.

23 – Une modularité facultative : le conseil d'entreprise. – Point d'orgue de la fusion des anciennes instances de représentation du personnel, le législateur a ouvert la possibilité de transformer le comité social et économique en un conseil d'entreprise. Pour simplifier, le conseil d'entreprise est un comité social et économique auquel est ajouté un module complémentaire, celui de la négociation collective. En plus d'exercer les attributions dont dispose classiquement le comité social et économique, le conseil d'entreprise est doté de la compétence pour négocier, conclure et réviser les conventions et accords d'entreprise ou d'établissement en lieu et place des délégués syndicaux *(C. trav., art. L. 2321-1)*. La création d'un conseil d'entreprise ne fait pas matériellement disparaître les délégués syndicaux. Toutefois, ces derniers perdent certainement leur prérogative essentielle, celle du monopole de la négociation collective. Cette dernière est transférée au conseil d'entreprise qui ne la partage pas.

La transformation du comité social et économique en conseil d'entreprise est purement facultative. L'employeur n'est donc pas tenu de mettre en place ce module spécifique, pas plus qu'il ne peut l'imposer aux représentants du personnel de manière unilatérale. Le conseil d'entreprise est en effet constitué par un accord collectif à durée indéterminée *(C. trav., art. L. 2321-2)*. Il suppose donc une rencontre de volontés entre les représentants de l'entreprise et les organisations syndicales.

24 – Périmètre du comité social et économique d'entreprise. – L'entreprise est le périmètre d'implantation du comité social et économique. Lorsqu'elle comporte au moins 50 salariés et qu'elle est composée d'au moins deux établissements, des comités sociaux et économiques d'établissement et un comité social et économique central doivent être constitués *(C. trav., art.*

L. 2313-1). Il en résulte que des comités sociaux et économiques peuvent être implantés dans des établissements comportant moins de 50 salariés[29].

Sans qu'il apparaisse de justification évidente, la règle diffère pour l'UES, où il est simplement prévu que le comité social et économique central est obligatoire dès lors qu'il existe deux établissements sans exiger, par surcroît, le franchissement du seuil de 50 salariés *(C. trav., art. L. 2313-8)*.

25 – Méthode de découpage. – Le découpage procède d'un acte juridique qui peut prendre différentes formes : un accord avec les syndicats, un accord avec le comité social et économique et une décision unilatérale.

L'articulation entre ces différentes techniques est sujette à discussion. Selon une partie de la doctrine, l'expression « en l'absence de » suggère que l'accord doit être recherché avant tout découpage unilatéral[30]. C'est également l'opinion retenue par le guide du ministère du Travail : « lorsqu'un délégué syndical est présent dans l'entreprise, l'employeur est tenu de négocier avec lui l'accord qui déterminera le nombre et le périmètre des établissements distincts »[31]. Cependant, l'expression « en l'absence d'accord » ne signifie pas qu'une négociation soit obligatoire. Elle signifie seulement qu'il n'y a pas d'accord conclu. La règle aurait donc pu préciser « en cas d'échec des négociations… », ce qui aurait été plus clair. Il est pourtant un argument qui pourrait incliner en faveur d'une négociation préalable obligatoire. La rédaction de l'article L. 2313-2 du Code du travail prévoit qu'un accord « détermine » le découpage ; l'indicatif dans la loi correspond à un impératif : s'il faut un accord, il faut sa négociation. Les autres modes de découpage qui apparaissent dans les articles suivants suggèrent que l'obligation de parvenir à un accord n'est que de moyen et qu'en cas d'échec il est possible de passer par la voie unilatérale.

La durée de l'acte de découpage est aussi l'objet d'une incertitude. La question est généralement abordée en partant de l'hypothèse d'un découpage

(29) Il convient de relever que les attributions du CSE sont définies en fonction de l'effectif de l'entreprise *(C. trav., art. L. 2312-1)*, de sorte que les établissements comportant disposeront des mêmes prérogatives que les CSE implantés dans des entreprises comportant au moins 50 salariés.

(30) *K. Pagani et Y. Pagnerre, ouvrage préc. note 17, spéc. p. 76. – Y. Pagnerre, E. Jeansen, La détermination des établissements distincts dans la tourmente de la réforme : RDT 2018, p. 358.*

(31) *100 questions-réponses sur le CSE : Min. trav., 19 avr. 2018, question-réponse n° 24, p. 19.*

décidé par voie d'accord et en raisonnant comme s'il s'agissait d'un accord de droit commun. Partant de ce postulat, l'acte est normalement conclu pour une durée déterminée de 5 années mais il est possible de prévoir, par une stipulation particulière, une durée indéterminée, ce que l'on observe fréquemment[32]. Certes, la durée de 5 années peut paraître inadaptée car elle ne correspond pas à la durée des mandats (4 ans). Il n'est pas absolument certain que cela constitue une difficulté pratique considérable. L'accord qui a une durée plus longue que le cycle électoral pourra servir à deux élections et cessera de produire ses effets ensuite. Selon nous, l'acte déploie ses effets utiles lors du scrutin ; l'extinction de l'acte ne remet pas en cause l'élection passée ni les mandats en cours. Il faudra simplement conclure un nouvel accord pour la prochaine élection. La stipulation d'une durée indéterminée produit des effets qui appellent plus de discussion, car les régimes de la révision et de la dénonciation s'imposent. Ainsi, l'interdiction faite pendant le premier cycle électoral aux nonsignataires d'engager la procédure de révision n'est pas nécessairement opportune. La durée de 15 mois pour que l'accord, après avoir été dénoncé, cesse de produire ses effets ne paraît pas, non plus, parfaitement adaptée... Le régime de l'acte unilatéral ne soulève pas moins de difficultés. Il est par nature à durée indéterminée ; sa dénonciation par l'employeur doit simplement être précédée d'une information délivrée dans un délai raisonnable. Cependant, on ne peut imaginer réserver ce droit de dénonciation au seul auteur du découpage. Il faut permettre à toutes les organisations syndicales d'y procéder moyennant le respect d'un délai de préavis. Que la dénonciation soit patronale ou syndicale, le délai de préavis doit, au minimum comprendre la durée de l'élection en cours. Il convient en effet d'éviter une dénonciation qui rende impossible l'organisation des élections. On peut enfin se demander si, à chaque fin de cycle électoral, la prééminence donnée à l'accord collectif ne devrait pas imposer une négociation qui, si elle aboutit, remet en cause le découpage unilatéral.

26 – Autonomie de l'acte juridique de découpage ? – Ne faut-il pas considérer que l'acte de découpage doit être soumis à un régime spécifique, adapté

(32) *V. Acc. 29 mars 2018, de mise en place du comité social et économique (CSE) de Keolis Gascogne, art. 2. – Acc. 22 mars 2018, relatif à la mise en place et au fonctionnement du comité économique et social de Bouygues construction SA, art. 9. – Acc. 20 mars 2018, sur la mise en œuvre du CSE, Association de la Croix Rouge de Brest, art. 3.*

à son objet : l'élection ? En effet, même lorsqu'il est négocié avec les syndicats, il ne suit pas le droit commun car la voie du référendum n'est pas ouverte[33]. La Cour de cassation a pu, par le passé, ne pas appliquer le régime de la dénonciation au protocole d'accord préélectoral[34]. Enfin, l'acte de découpage est régi par une section du Code du travail relative à la « *mise en place* » du comité social et économique et on peut assez naturellement estimer que le découpage est lié à l'élection qu'il structure. Il résulte de ce constat que cet acte de découpage n'a d'effet qu'au moment de l'élection mais qu'il n'a pas vocation à déterminer le calendrier électoral. Une fois les élections passées, il importe donc qu'il atteigne son terme, qu'il soit révisé ou remplacé par un autre acte. Un nouveau découpage décidé en cours de cycle ne produira d'effets que pour l'avenir. Partant de ce point, l'acte devrait avoir, à défaut de stipulation contraire, une durée calquée sur la périodicité électorale sans qu'il soit, pour autant, interdit de stipuler une durée déterminée différente ou une durée indéterminée. Si le découpage est unilatéral, il doit, à l'issue de chaque cycle, être susceptible d'être remis en question par un accord (dont la négociation doit être engagée). Enfin, si le régime de la révision paraît adapté en cas d'accord, celui de la dénonciation ne l'est pas. Il nous semble qu'elle devrait, comme pour l'acte unilatéral, produire effet à l'issue d'un délai raisonnable comprenant nécessairement l'élection en cours.

27 – Critères et contestation du découpage conventionnel. – Le Code du travail ne prévoit pas de critère particulier lorsque l'identification des établissements est réalisée par voie d'accord. Le guide ministériel affirme qu'en ce cas les critères « peuvent être librement déterminés par les partenaires sociaux[35] ». Cette conviction peut être renforcée par l'absence de procédure particulière de contestation administrative ou judiciaire du découpage. Pour autant, les partenaires sociaux ne sauraient disposer d'un droit discrétionnaire et l'éviction

(33) *C. trav., art. L. 2313-2* : La nouvelle condition de majorité (50 %) n'est applicable qu'à compter du 1er mai 2018. L'article L. 2313-2 renvoie seulement au premier alinéa de l'article L. 2232-12 du Code du travail.

(34) Dans un arrêt ancien et relevant de dispositions différentes, la Cour de cassation avait décidé que le protocole d'accord préélectoral ne relevait pas du régime de la dénonciation (*V. Cass. soc., 9 déc. 1958 : D. 1986, IR, p. 384, obs. J. Frossard*).

(35) *100 questions-réponses sur le CSE : Min. trav., 19 avr. 2018, question-réponse n° 25, p. 19.*

du juge ne paraît guère envisageable. Reste à déterminer l'intensité de son contrôle : l'affirmation d'un principe de liberté devrait probablement conduire à ne réserver que la sanction de la fraude et de l'abus[36]... Ce qui soulèvera la question du juge compétent. On pourrait être tenté de retenir la compétence du tribunal d'instance en considérant qu'il est le juge naturel de l'élection et en sollicitant le premier alinéa de l'article R. 2313-3 du Code du travail qui, dans le chapitre relatif à la mise en place du comité social et économique, dispose que « *le tribunal d'instance est saisi des contestations par voie de déclaration au greffe* »[37]. Cette solution présenterait encore l'avantage d'unifier le contentieux électoral. Il faut cependant convenir que ce raisonnement est une spécificité processuelle du droit social qui s'éloigne du droit commun où la compétence du tribunal d'instance suppose une disposition spéciale de sorte qu'il conviendrait de retenir celle du tribunal de grande instance, juge de droit commun (*COJ, art. L. 211-3*).

Quel que soit le juge choisi, il nous semble qu'il ne lui reviendra pas de procéder au découpage mais simplement de décider si l'accord est valable. Si tel n'est pas le cas, il devra renvoyer à un nouveau découpage[38].

28 – Contestation du découpage unilatéral. – Le découpage décidé unilatéralement par l'employeur n'est pas libre ; il devra être déterminé en fonction de « *l'autonomie de gestion du responsable de l'établissement, notamment en matière de gestion du personnel* » (*C. trav., art. L. 2313-4*). Le législateur, beaucoup l'ont relevé, s'inspire ici des solutions applicables au comité d'entreprise sans reprendre tous les critères retenus par la jurisprudence administrative qui

(36) Pour un argumentaire plus consistant en faveur d'une action judiciaire plus largement possible : *Y. Pagnerre et E. Jeansen, art. préc. note 30.*
(37) V. *M.-L. Morin, Y. Struillou, L. Pécaud-Rivolier, Guide des élections professionnelles : éd. Dalloz, 2016, p. 1168, § 611.25* : qui, s'agissant de l'élection du comité d'entreprise, pouvaient écrire : « De manière générale, le tribunal d'instance est considéré comme le juge naturel du contentieux des élections professionnelles, ce qui lui donne vocation à intervenir dans tous les contentieux afférents aux élections, lorsqu'ils ne sont pas dévolus à une autre instance ». – V. aussi, L. Dauxerre, s'appuyant sur l'interprétation naguère retenue s'agissant des anciens articles L. 2314-31 et L. 2327-7 du Code du travail : *L. Dauxerre, L'établissement distinct dans le droit du comité social et économique : JCP S 2018, 1102.*
(38) Rappr. sous l'empire des dispositions antérieures : *Cass. soc., 2 mars 2011, n° 09-60.483 : JurisData n° 2011-002609 ; JCP S 2011, 1217, note E. Jeansen.*

réclamait, par surcroît, une implantation géographique distincte et stable[39]. L'autonomie décisionnelle du chef d'établissement devient décisive et l'exemple fourni par la loi (en matière de gestion du personnel) n'est pas limitatif; l'adverbe notamment permet de retenir d'autres champs, particulièrement en matière économique.

Lorsqu'il a pris sa décision, l'employeur l'adresse à « *chaque organisation syndicale représentative dans l'entreprise et de chaque organisation syndicale ayant constitué une section syndicale dans l'entreprise* » (*C. trav., art. R. 2313-1, al. 1*). Il doit, de surcroît, réunir le comité social et économique pour l'informer de sa décision lorsqu'il a négocié avec lui le découpage sans parvenir à un accord. Ce sont ces derniers qui ont, à suivre l'article R. 2313-2 du Code du travail, qualité pour le contester devant le Direccte du siège de l'entreprise puis pour contester la décision de ce dernier devant le tribunal d'instance, étant observé que cette liste limitative risque d'être réduite aux seuls syndicats ayant constitué une section syndicale lors de la première élection. En son absence, il conviendrait probablement d'élargir le cercle des personnes habilitées à agir[40].

29 – Découpage et commissions. – Le découpage en établissements distincts doit aussi prendre en considération l'implantation des diverses commissions, en particulier de celle en charge de la sécurité, de la santé et des conditions de travail (CSSCT).

Le périmètre d'implantation de cette dernière suppose, en principe[41], de concevoir des établissements plus importants. En effet, l'article L. 2315-36 du Code du travail impose la constitution de la CSSCT au sein du comité social et économique dans :

– les entreprises d'au moins 300 salariés ;

(39) *Kerbourc'h, art. préc. note 1. – K. Pagani et Y. Pagnerre, ouvrage préc. note 17, spéc. p. 79.*
(40) V. en ce sens, *K. Pagani et Y. Pagnerre, ouvrage préc. note 17, spéc. p. 78* : suggérant l'action de tout salarié.
(41) Des dispositions particulières permettent l'implantation de CSSCT sous ces seuils, notamment en cas de dangers particuliers (*V. C. trav., art. L. 2315-37. – C. trav., art. L. 2315-36, 3°*). L'accord de découpage des établissements ou, en l'absence de délégué syndical, un accord avec le CSE adopté à la majorité des titulaires peut conventionnellement prévoir l'implantation de CSSCT lorsque cela n'est pas obligatoire : pour les entreprises ou les établissements de moins de 300 salariés (*C. trav., art. L. 2315-43*).

– les établissements distincts d'au moins 300 salariés ;

– les établissements mentionnés aux articles L. 4521-1 et suivants du Code du travail (installations nucléaires de base et installations susceptibles de donner lieu à des servitudes d'utilité publique).

Dans les entreprises et établissements de moins de 300 salariés, l'inspection du travail peut imposer la constitution d'une CSSCT *(C. trav., art. L. 2315-37)*. Dans les entreprises comportant plus de 300 salariés il convient de procéder à quelques distinctions. S'il s'agit d'une entreprise à établissement unique, le comité social et économique unique se dotera d'une commission unique.

S'il existe plusieurs établissements dans une entreprise de plus de 300 salariés mais qu'aucun d'eux ne comporte plus de 300 salariés, la commission doit (probablement) être uniquement constituée au niveau du comité social et économique central.

S'il existe plusieurs établissements et que l'un d'eux (ou plusieurs) comporte(nt) plus de 300 salariés, une commission doit être constituée en son (leur) sein et une commission au niveau central nous paraît également s'imposer.

Le résultat pourrait être troublant s'il existe un établissement franchissant le seuil et un autre, plus petit, ne l'atteignant pas. Les solutions anciennes relatives au comité d'hygiène, de sécurité et des conditions de travail, qui imposaient une implantation dans tous les établissements de l'entreprise ne sont plus applicables. En effet, désormais, il s'agit d'une simple commission de sorte que les missions relatives à la sécurité sont assumées par le comité social et économique. Par ailleurs, en imposant une implantation dans l'entreprise, tous les salariés sont « couverts » par une commission même si elle n'est pas implantée dans chaque établissement.

La négociation collective peut-elle conduire à des formules plus originales pour l'implantation des CSSCT ? Une réponse prudente doit, à notre sens, être retenue consistant à respecter les dispositions d'ordre public qui figurent aux articles L. 2315-36 et suivants du Code du travail.

Ainsi, s'agissant des périmètres, on observe que le découpage ne peut modifier les périmètres qu'en dehors des cas où les CSSCT ne sont pas obligatoires[42].

(42) Il convient en effet de comparer les formules des articles L. 2315-41 (où il n'est pas question de définir le périmètre) et L. 2315-43 (qui peut porter sur ce point) du Code du travail.

En conséquence, une CSSCT commune à plusieurs établissements n'est pas possible lorsque chaque établissement (ou l'un seulement) dépasse le seuil des 300 salariés ; en revanche, on peut le concevoir lorsque les deux sont en dessous de ce seuil.

Autre question : peut-on subdiviser une CSSCT au sein d'un établissement pour prendre en considération un élément objectif lié au risque propre à une zone particulière de l'entreprise ou à un métier ? Dans l'entreprise ou l'établissement de plus de 300 salariés, l'implantation d'une CSSCT nous paraît s'imposer comme étant d'ordre public ; l'article L. 2315-41 du Code du travail prévoyant que l'accord fixe les modalités de mise en place de la ou des commissions ne nous paraît concerner que le cas où plusieurs périmètres d'implantation sont envisageables.

Cependant, la constitution de plusieurs CSSCT n'est pas le seul moyen de parvenir au résultat que peuvent légitimement poursuivre les partenaires sociaux : il est possible de spécialiser certains des membres de la CSSCT, voire d'y instituer des sous-commissions[43]; on peut aussi concevoir par accord de créer des commissions facultatives dont il faudra veiller à articuler les missions avec la CSSCT.

Si l'on excepte la commission des marchés qui est obligatoire lorsque certains seuils sont franchis[44], les « autres » commissions (économique, formation, égalité professionnelle, logement) sont supplétives de volonté collective. Il y a donc *« les commissions supplémentaires » (C. trav., art. L. 2315-45)* que l'on choisit et celles qui, à défaut de choix, s'imposent.

Pour les premières, les commissions conventionnelles, leur implantation est décidée par un accord conclu selon les mêmes modalités que l'accord de

(43) *Accord d'entreprise sur la mise en place du comité social et économique, Association pour l'aide aux adultes et jeunes en difficulté, 12 mars 2018, art. 3.1.1.*

(44) *C. trav., art. L. 2315-44-1. – C. trav., art. D. 2315-29* : qui prévoit la constitution de la commission lorsque deux, au moins, des trois critères suivants sont satisfaits :
– un critère d'effectifs (plus de 50 salariés à la clôture de l'exercice);
– un critère comptable (par renvoi à l'article R. 612-1 du Code de commerce : plus de 3 100 000 € de chiffre d'affaires HT, montant réduit à 750 000 € de ressources pour les associations professionnelles ou interprofessionnelles collectant la participation des employeurs à l'effort de construction).

découpage passé avec les syndicats. Il n'est cependant nullement indiqué qu'il doive s'agir du même accord que celui procédant au découpage. Les parties peuvent donc, dans un acte distinct, définir le périmètre d'implantation comme étant l'entreprise ou l'établissement ; elles peuvent encore moduler l'implantation, une commission pouvant être justifiée dans un établissement et non dans un autre. Ces distinctions, fondées sur un accord collectif, seront probablement présumées conformes au droit. À charge pour celui qui les discute d'en démontrer le caractère frauduleux. De surcroît, il n'est pas prévu que ces commissions conventionnelles puissent être instituées par voie d'accord avec le comité social et économique ou de manière unilatérale.

Pour les commissions obligatoires, à défaut d'accord, la solution est plus simple : le périmètre d'implantation est toujours l'entreprise (quitte parfois à en réunir plusieurs[45], mais les seuils qui en justifient l'implantation varient de 300 salariés pour la formation, le logement et l'égalité à 1 000 pour la commission économique.

30 – UES et interentreprises. – Le découpage peut franchir les frontières de l'entreprise pour s'étendre à l'unité économique et sociale dès lors du moins que celle-ci est reconnue ou prendre la forme d'un accord interentreprises.

Dans le premier cas, l'identification du périmètre des établissements doit résulter d'un « accord d'entreprise conclu au niveau de » l'unité économique et sociale… ce qui ne peut renvoyer qu'à un accord réunissant l'intégralité des entreprises formant l'unité économique et sociale et des syndicats représentatifs dans ce périmètre *(C. trav., art. L. 2313-8)*. En l'absence de délégués syndicaux, un accord peut être recherché avec le comité social et économique de l'unité économique et sociale… Cette seconde modalité suppose la préexistence d'un comité social et économique déjà implanté dans l'unité économique et sociale. À défaut de ces accords, le texte prévoit que la délimitation des périmètres est décidée par l'un des employeurs mandatés par les autres *« compte tenu de l'autonomie de gestion du responsable de l'établissement, notamment en matière de gestion du personnel »*. Cette dernière formule risque

(45) *C. trav., art. L. 2315-50* : pour la commission logement. – *C. trav., art. L. 2315-46* : pour la commission économique. – *C. trav., art. L. 2315-49* : pour la commission formation. – *C. trav., art. L. 2315-56* : pour la commission de l'égalité professionnelle.

de soulever des difficultés si les différents employeurs ne s'accordent pas ou plus sur leur mandataire. Le texte n'envisage pas cet obstacle ; il prévoit qu'un litige portant « sur cette décision » est soumis à l'Administration qui fixe alors le nombre et le périmètre des établissements distincts… « La décision » en cause est celle déterminant le découpage et non la désignation d'un mandataire. On pourrait être tenté d'en déduire par une lecture amplifiante que la notion de décision comprend aussi l'hypothèse dans laquelle il n'y a pas de décision.

Comme le comité social et économique de l'UES, le comité social et économique inter-entreprises s'affranchit du périmètre de l'entreprise ; mais son implantation repose sur des conditions différentes puisqu'il faut non seulement une situation objective (faite de « problèmes communs » et d'une localisation « sur un même site ») et « un accord entre les employeurs des entreprises du site ou de la zone et les organisations syndicales représentatives au niveau interprofessionnel ou au niveau départemental ». Il n'est guère certain que les entreprises aient, en nombre, l'intention de recourir à un tel dispositif. Celles qui le feront auront la surprise de constater que le comité social et économique interentreprises n'est pas fondé sur un accord interentreprises[46] mais sur des règles spécifiques. Elles se trouveront également exposées au risque d'une discussion judiciaire des conditions de formation d'un tel comité social et économique, en particulier pour établir si la nature ou l'importance des risques justifient l'implantation d'un comité social et économique. L'existence d'un accord collectif pourrait inciter le juge à considérer qu'il existe une présomption à cet égard.

31 – Protocole d'accord préélectoral. – L'initiative des élections professionnelles appartient, par principe, au chef d'entreprise qu'il s'agisse du passage au comité social et économique, de la mise en place ou du renouvellement du comité social et économique. L'acte fondateur des élections professionnelles demeure le protocole d'accord préélectoral dont les règles de conclusion ont pour l'essentiel été maintenues à l'occasion de la consécration du comité social

(46) *C. trav., art. L. 2232-36* : disposant qu'un tel accord est négocié entre « *les employeurs et (…) les organisations syndicales représentatives à l'échelle de l'ensemble des entreprises concernées* ».

et économique. Il convient toutefois de relever quelques ajustements adoptés par le législateur dans le cadre de la récente réforme.

32 – Invitation des organisations syndicales. – Les organisations syndicales demeurent l'interlocuteur privilégié du chef d'entreprise pour fixer les modalités des élections. En principe, le chef d'entreprise doit informer les salariés de sa décision d'organiser des élections et prendre la même initiative à l'égard des organisations syndicales en vue précisément de les inviter à la négociation d'un protocole d'accord préélectoral.

33 – Entreprises de 11 à 20 salariés. – Un aménagement est toutefois apporté pour les entreprises dont les effectifs sont compris entre 11 et 20 salariés. Dans cette hypothèse, le chef d'entreprise est dispensé d'inviter les organisations syndicales si aucun salarié n'a manifesté son intention de se porter candidat dans un délai de 30 jours suivant la date à laquelle le personnel a été informé de l'organisation des élections (*C. trav., art. L. 2314-5, al. 5*). Il s'agit de s'assurer avant toute chose que la mise en place d'un processus contraignant de négociation (notamment en temps) aurait concrètement un intérêt. Il faut effectivement constater que, dans les entreprises justifiant de ce niveau d'effectif, « avec un taux de carence de 80 %, les élections sont souvent organisées en pure perte »[47]. L'Administration déduit de ces nouvelles dispositions que, à défaut de pré-candidature, le chef d'entreprise est dispensé de poursuivre le processus électoral. Le chef d'entreprise est alors autorisé à dresser un procès-verbal de carence[48]. Cette interprétation est discutée car, littéralement, le texte ne paraît prévoir qu'une dispense de négociation du protocole d'accord préélectoral avec les syndicats et non l'absence d'élection du comité social et économique. Selon une partie de la doctrine, l'employeur serait tenu d'organiser les élections en définissant unilatéralement les mesures qui devaient figurer dans le protocole d'accord préélectoral[49].

(47) *K. Pagani et. Pagnerre, ouvrage préc. note 17, spéc. fiche 13, p. 85.*
(48) *100 questions-réponses sur le CSE : Min. trav., 19 avr. 2018, question-réponse n° 39, p. 30.*
(49) En ce sens, *J.-Y. Kerbourc'h, art. préc. note 1, spéc. § 17 :* « Est-ce à dire qu'en l'absence de candidature préalable, donc de protocole, l'employeur n'a pas à mettre en place l'élection ? Ce n'est pas notre avis, car la loi prévoit quelles sont les compétences de l'employeur lorsqu'aucun accord préélectoral n'est négocié et conclu, ce qui l'amène à organiser l'élection et à solliciter des listes de candidats ».

En revanche, dans l'hypothèse où un pré-candidat se présente, le chef d'entreprise devra poursuivre le cheminement normal du processus électoral. Le pré-candidat n'est toutefois pas tenu de confirmer sa candidature lorsque l'appel sera officiellement lancé, conformément aux modalités définies par le PAP[50]. Il bénéficie du statut protecteur en qualité de pré-candidat, sans qu'il soit besoin d'être élu.

34 – Contenu du protocole d'accord préélectoral. – Pour l'essentiel, les thèmes relevant d'une négociation au sein du protocole d'accord préélectoral demeurent les mêmes que précédemment. Deux évolutions méritent d'être soulignées. Le découpage en établissements distincts doit désormais trouver sa traduction dans un accord conclu, « non plus dans les conditions applicables au protocole d'accord préélectoral (...) mais conformément au droit commun des accords collectifs »[51]. Parallèlement, le périmètre de négociation du protocole d'accord préélectoral est élargi par une autre mesure. Les partenaires sociaux sont désormais autorisés à modifier le nombre de sièges ou le volume des heures individuelles de délégation dès lors que le volume global de ces heures, au sein de chaque collège, est au moins égal à celui résultant des dispositions légales au regard de l'effectif de l'entreprise *(C. trav., art. L. 2314-7)*.

35 – Constituer. – La composition du comité s'inspire assez naturellement des règles gouvernant les anciens comités d'entreprise prévoyant notamment une durée des mandats de 4 ans, la présence de représentants des syndicats représentatifs *(C. trav., art. L. 2314-2)*, un secrétaire et, ce qui est nouveau, un secrétaire adjoint en charge de la santé, de la sécurité et des conditions de travail au comité social et économique central *(C. trav., art. L. 2316-13)* et un trésorier.

Le passage d'un modèle à l'autre soulève cependant quelques difficultés. Ainsi, le représentant du syndicat dans les entreprises de moins de 300 salariés est, de droit, le délégué syndical *(C. trav., art. L. 2143-22)*. Cependant, les comités sociaux et économiques doivent être mis en place dans des entreprises de moins de 50 salariés où, en principe, il n'y a pas de délégué syndical. Dans ce cas,

(50) *K. Pagani et. Pagnerre, ouvrage préc. note 17, spéc. 13, p. 86.*

(51) *B. Teyssié, Droit du travail – Relations collectives : LexisNexis, coll. Manuel, 11e éd, n° 561, p. 256.*

il nous semble – mais la question peut être débattue[52] – qu'un syndicat pourra nommer un représentant autre que le délégué syndical.

Les accords de mise en place prévoient fréquemment des membres supplémentaires, généralisant le secrétaire adjoint en cas de comité social et économique unique ou prévoyant des trésoriers adjoints[53]. L'accompagnement du président par des collaborateurs, prévu pour les entreprises d'au moins 50 salariés fait aussi l'objet de précisions dans les accords en fixant parfois une liste (RRH, DRH, responsable sécurité ou prévention) ou en posant une condition de compétence[54].

L'aptitude à devenir membre de la délégation du personnel appelle quelques précisions :

– faute d'être éligibles les salariés mis à disposition ne peuvent appartenir au comité *(C. trav., art. L. 2314-23)*. Cette règle, déjà applicable pour le comité d'entreprise, ne l'était pas pour l'élection au scrutin des délégués du personnel ;

– ne peuvent davantage constituer le comité social et économique les salariés qui, dans les entreprises de 50 salariés et plus, ont déjà obtenu trois mandats successifs[55]...

Le nombre total d'élus, fixé par voie réglementaire *(C. trav., art. L. 2314-1 et R. 2314-1)*, peut être modulé par le protocole d'accord préélectoral *(C. trav., art. L. 2314-1 et L. 2314-7)* avec une spécificité pour le comité social et économique central où leur nombre est « déterminé par décret en Conseil d'État », étant observé que la disposition réglementaire en vigueur dispose seulement que le

(52) MM. Y. Pagnerre et K. Pagani, estiment au contraire que cette désignation est impossible en se fondant sur l'article L. 2314-2 du Code du travail qui dispose que « *sous réserve des dispositions applicables dans les entreprises de moins de trois cents salariés, prévues à l'article L. 2143-22, chaque organisation syndicale représentative dans l'entreprise ou l'établissement peut désigner un représentant syndical au comité* ». Il nous semble que l'objection n'est pas déterminante, car l'article L. 2143-22 du Code du travail auquel il est renvoyé ne peut trouver application dans les entreprises de moins de 50 salariés (V. en ce sens, *B. Teyssié, Droit du travail relations collectives : LexisNexis, 11e éd., n° 668, p. 324)*.

(53) *Acc. relatif à la mise en place du CSE de Securitas Alert services, 30 mars 2018, art. 2.3. – Acc. relatif à la mise en place et au fonctionnement du CSE de Bouygues construction SA, art. 2, 2, b.*

(54) *Acc. du CSE, STEF Logistique Nemours, 3 avr. 2018, art. 4.1.*

(55) *C. trav., art. L. 2314-33* : la règle supportant de nombreuses exceptions.

nombre maximal de 25 membres ne peut être dépassé que moyennant un accord conclu entre l'employeur et l'ensemble des organisations syndicales (*C. trav., art. R. 2316-1*).

Le législateur précise que les suppléants n'ont vocation à assister aux réunions qu'en l'absence des titulaires. Leur convocation systématique ne se justifie donc plus[56]... Cependant, ils doivent recevoir l'ordre du jour (*C. trav., art. L. 2315-30*) et peuvent, bien que la question soit sujette à discussion, appartenir à la CSSCT[57].

S'agissant de la composition des commissions, le règlement précise qu'en l'absence d'accord relatif à la création de commissions supplémentaires, « *les membres des commissions peuvent être choisis parmi des salariés de l'entreprise n'appartenant pas au comité social et économique* » (*C. trav., art. R. 2315-28*). Cette règle ne nous paraît pas pouvoir concerner la commission santé, sécurité et conditions de travail car l'appartenance à cette dernière suppose la qualité de membre du comité social et économique[58]. De surcroît, elle crée une impasse si un accord est conclu mais qu'il ne règle pas cette question de la composition... Si le silence, par nature équivoque, ne traduit pas un rejet du droit commun, il faut probablement supposer que les parties ont souhaité faire application du droit commun et par voie de conséquence admettre la présence de membres extérieurs.

MOTS-CLÉS : *Comité social et économique – Mise en place – Période transitoire – Période de droit commun*

TEXTES : *Ord. n° 2017-1386, 22 sept. 2017*

JURISCLASSEUR : *Travail Traité, fasc. 14-2, par J.-Y. Kerbourc'h*

AUTRES PUBLICATIONS LEXISNEXIS : *Fiche pratique n° 4227 : faire fonctionner le CSE, par Aliénor Chalot-Vanoli*

(56) *Cass. crim., 18 oct. 1983, n°83-90419 : Bull. crim., n° 255.*

(57) *C. trav., art. L. 2315-39* : qui dispose que « *les membres de la commission santé, sécurité et conditions de travail sont désignés par le comité social et économique parmi ses membres* ». Or, l'article L. 2314-1 du Code du travail dispose que « *la délégation du personnel comporte un nombre égal de titulaires et de suppléants* » ; or, cette délégation du personnel est, à suivre ce texte, comprise dans le CSE. Il nous semble cependant qu'il y a là un détournement du rôle de suppléant qui ne devrait jouer qu'un rôle de remplaçant...

(58) *C. trav., art. L. 2315-39, al. 3* : « *Les membres de la commission santé, sécurité et conditions de travail sont désignés par le comité social et économique parmi ses membres (...)* ».

LES MISSIONS DU COMITÉ SOCIAL ET ÉCONOMIQUE[1]

Françoise Favennec-Héry,
professeur à l'université Panthéon-Assas (Paris II)
Philippe Rozec,
avocat associé, De Pardieu Brocas Maffei

1 – Beaucoup en ont parlé. Muriel Pénicaud l'a fait : regrouper les instances représentatives du personnel dans un cadre unifié permettant une approche globale de l'entreprise par une fusion des attributions des précédents représentants du personnel.

Le regroupement des institutions était en cours depuis longtemps : que l'on songe aux propositions anciennes du CJD en 1980, à celles du rapport De Virville en 2004[2] en faveur du conseil d'entreprise, à celles des rapports Hadas Lebel et Chertier en 2006[3] prônant l'institution d'une instance unique de dialogue et de négociation, aux conclusions du rapport Attali[4].

Rappelons-nous les effets contre performants du millefeuilles des instances représentatives, le chevauchement des territoires, la concurrence des attributions[5]...

(1) Ndlr : cette étude est issue de l'intervention des auteurs au colloque organisé le 1er juin 2018, sous la présidence de Pierre-André Imbert et Laurence Pécaut-Rivolier, par le Laboratoire de droit social de l'université Panthéon-Assas (Paris II), sur le thème « Le comité social et économique ».
(2) *Rapp. de Virville, Pour un Code du travail plus efficace : Min. aff. soc., 15 janv. 2004.*
(3) *R. Hadas-Lebel, Pour un dialogue social efficace et légitime : représentativité et financement des organisations professionnelles et syndicales : Rapp. au Premier ministre, mai 2006. ; JCP S 2006, act. 183. – V. égal. D.-J. Chertier, Pour une modernisation du dialogue social : JCP S 2006, act. 173.*
(4) *Rapport Attali, Préconisations en matière sociale : Commission pour la libération de la croissance française, 15 oct. 2010.*
(5) *F. Favennec-Héry, Une question qui fâche : les mille feuilles des instances représentatives du personnel : Dr soc. 2013, p. 250.*

Le mouvement de recentrage était en marche depuis longtemps : création de la DUP, élargissement de celle-ci, regroupement des instances par la loi Rebsamen dans les entreprises de 300 salariés et plus... La DUP organisait un rapprochement des institutions mais chacune d'elles conservait ses attributions[6]. En revanche, l'instance regroupée de la loi Rebsamen faisait émerger une personne civile exerçant l'ensemble des attributions représentatives pouvant recourir à une expertise commune et recueillir un avis unique. Mais elle était facultative et chaque entreprise pouvait composer sa représentation à sa guise... *(C. trav., art. L. 2391-1)*.

Sans en attendre le bilan, le constat a été fait par la ministre du Travail :

« notre pays se distingue par la représentation morcelée des salariés en 4 instances différentes dans l'entreprise... cela ne favorise ni la qualité du dialogue social qui est éclaté et alourdi, ni la capacité d'influence des représentants des salariés qui se spécialisent sur certaines questions mais sont privés d'une vision d'ensemble ».[7]

2 – Et dès lors, la décision a été prise : éviter la concurrence des attributions. Mais comment ? Adopter une démarche organique en rassemblant plusieurs instances en une seule. À cet égard, diverses propositions ont été formulées par le passé : un conseil unique[8], un conseil de concertation sociale, une fusion du CHSCT et du comité d'entreprise celui-ci comportant une commission santé-sécurité[9], une mise en place de deux niveaux de représentation avec une instance unique de pilotage de l'entreprise et une instance de proximité regroupant DP et CHSCT dédiée aux conditions de travail, une fusion des délégués du personnel et des délégués syndicaux[10] et un conseil d'entreprise investi de nouveaux pouvoirs en matière de négociation collective...

(6) Ancien C. *trav., art.* L. 2326-3 pour la DU : les DP, le CE, le CHSCT « *conservent l'ensemble de leurs attributions* ».
(7) V. exposé des motifs de la loi, *p. 7.*
(8) *CJD, Calandra, Barthelemy, ANDRH.*
(9) *B. Teyssié, J.-F. Cesaro, A. Martinon, Du CHSCT à la commission santé et sécurité du comité d'entreprise : JCP S 2011, 1291.*
(10) *F. Petit, Pour la mise en place d'un conseil d'entreprise accompagnée de la fusion des délégués du personnel et des délégués syndicaux : RDT 2010, p. 80.*

3 – L'ordonnance opte pour la fusion des instances en une seule, se substituant aux DP, CE, CHSCT et dénommée comité social et économique. Le texte ne ménage aucun tempérament. Changement de fond, changement de méthode, l'État retrouve sur ce point son rôle impérieux et le regroupement des instances se double d'une fusion des missions. Il s'agit, aux dires des travaux préparatoires « de privilégier la finalité de la représentation à sa structure, en faisant le pari que cette finalité sera mieux portée par une instance fusionnée que par la juxtaposition d'instances dont l'articulation des compétences respectives est devenue de plus en plus complexe »[11].

4 – Le regroupement décidé a plusieurs objets : il s'agit d'éviter la concurrence des instances, de **globaliser** les missions du CSE, d'offrir, notamment en matière de santé – sécurité, une approche générale de la représentation de l'entreprise.

5 – Il s'agit ensuite d'éviter l'éparpillement territorial, le chevauchement des différents niveaux, d'opter pour une logique de **centralisation** des missions, peut-être au détriment de la mission de proximité.

Enfin, si l'ordonnance est impérative s'agissant du regroupement des instances, elle laisse, dans ce cadre, la voie ouverte à la **négociation collective** sur les attributions du CSE : est consolidée voire élargie la possibilité d'aménager conventionnellement les prérogatives du CSE et de réinstaurer des modes de représentation décentralisés. Globalisation (1), centralisation (2), négociation (3) sont les axes suivis par cette réforme.

I. – Globalisation des missions

6 – L'étude d'impact avait fait un état des lieux sans appel : le système antérieur se caractérisait par une « stratification / complexification des instances et à une forme d'ossification du dialogue social aboutissant à un fonctionnement cloisonné d'institutions dont le respect des attributions et du fonctionnement est souvent plus vécu comme la satisfaction formelle d'obligations légales que comme un levier de concertation (…) ».

(11) *Étude d'impact, projet de loi d'habilitation à prendre par ordonnances les mesures pour le renforcement du dialogue social, 27 juin 2017, p. 33 : assemblée-nationale.fr.*

Elle précisait encore : « il apparaît, d'une part, que la frontière entre les attributions respectives de chaque instance est de plus en plus poreuse et complexe (...). S'agissant de sujets comme les risques psycho-sociaux, un tel morcellement est dommageable au traitement à la source du problème ». Et de donner l'exemple de la prévention de la pénibilité qui « pose, simultanément, des questions de santé et sécurité, de conditions de travail mais aussi de gestion des âges, des parcours professionnels, de répartition sexuée du travail et mérite une approche globale et systémique pour pouvoir être correctement pris en charge »[12]. L'ordonnance substitue la globalisation à la spécialisation avec cependant quelques aménagements.

A. – Un changement de logique : de la spécialisation à la globalisation

7 – L'ordonnance n° 2017-1386 du 22 septembre 2017 n'est pas de nature cosmétique. Elle n'opère pas, en principe, une juxtaposition des précédentes missions d'instances autrefois distinctes sous un vocable commun, le comité social et économique. Elle exprime un choix politique et correspond à un changement de vision du rôle du CSE axé davantage vers la mise en œuvre de la stratégie de l'entreprise dont la collectivité des salariés est partie prenante que vers l'expression des antagonismes et la manifestation d'un contre-pouvoir[13].

1° Un changement de politique

8 – Ce changement de politique s'observe tout d'abord dans la méthode. À la différence de la loi du 17 août 2015 (loi Rebsamen) le regroupement des attributions est une obligation légale ; l'accord collectif ne saurait restaurer une répartition des missions entre entités maintenues ; il ne peut qu'en aménager les modalités. Le changement d'orientation tient aussi en l'abandon des unités spécialisées. Les auteurs de l'ordonnance font valoir que l'entité CSE sera polycompétente, que les questions de sécurité intéressant DP, CHSCT, CE relèveront désormais d'une seule entité. Que seront ainsi supprimés doublons et accumulation d'expertises.

(12) *Étude d'impact, projet de loi d'habilitation à prendre par ordonnances les mesures pour le renforcement du dialogue social, 27 juin 2017 : assemblée-nationale.fr.*

(13) En ce sens, *G. Borenfreund, La fusion des instances représentatives du personnel. Appauvrissement et confusion dans la représentation : RDT 2017, p. 608.*

Il est vrai que la stratification des missions antérieures entre différentes entités n'avait pas fait la preuve de son efficacité : l'on songe notamment au thème des conditions de travail relevant de la mission des DP, du CE, du CHSCT et à la généralisation du rôle de celui-ci devenu, au fil du temps, un comité d'entreprise bis.

C'est ce virage qui a sans doute soulevé le plus de critiques, les défenseurs du système antérieur faisant valoir que la variété des instances favorisait la complémentarité des actions et la spécialisation des divers représentants[14]. Aux dires des opposants, la globalisation des missions présenterait, en revanche, l'inconvénient d'une sur valorisation de la compétence économique du CSE au détriment de son action en matière de santé et de sécurité. Elle engendrerait le risque d'un « affaiblissement de la capacité d'action »[15], d'un abandon de certaines de ses tâches et par exemple, des missions de revendication, d'alerte, de transmission, de contrôle... toutes attributions relevant aussi d'une logique de représentation. Et les détracteurs de noter que les autres pays optent, eux, plutôt pour une logique de spécialité, de proximité. Qu'en est-il dans les textes ? Qu'en est-il dans les faits ?

2° Les pouvoirs généraux du CSE : une autre conception de la représentation

9 – Les attributions du CSE reprennent dans leur majorité celles des délégués du personnel, du comité d'entreprise, du CHSCT mais surtout, c'est le CSE qui est le pivot de l'information et de la consultation des instances représentatives du personnel, sans dispersion ou redite inutile.

a) Dans les entreprises d'au moins 50 salariés

10 – Le CSE a **une mission générale :** « *assurer une expression collective des salariés permettant la prise en compte permanente de leurs intérêts dans les*

(14) *G. Loiseau, Le comité social et économique : Dr soc. 2017, p. 1044 :* « le risque est grand que, au sein d'un bloc de compétences aussi large, certaines mesures prennent le dessus sur d'autres. À cet égard, la crainte, a été exprimée que ce soit les attributions en matière de santé, de sécurité et de conditions de travail qui fassent les frais de l'approche globale des problématiques voulue et promue par l'ordonnance du 22 sept 2017 ».
(15) V. *G. Borenfreund, préc. note 12, spéc. p. 616* qui note le risque d'affaiblissement de la capacité d'intervention des représentants que laisse à craindre la fusion elle-même.

décisions relatives à la gestion et à l'évolution économique et financière de l'entreprise, à l'organisation du travail, à la formation professionnelle et aux techniques de production ». Ce sont les attributions générales de l'article L. 2312-8 du Code du travail qui constituent le cadre obligatoire des missions du CSE, même si son contenu peut être décliné par voie négociée. Le CSE est informé et consulté sur les questions intéressant l'organisation, la gestion, la marche générale de l'entreprise notamment sur :

– les mesures de nature à affecter le volume ou la structure des effectifs. Ce n'est pas nouveau ;

– la modification de son organisation économique ou juridique ;

– les conditions d'emploi, de travail : durée du travail et formation professionnelle ;

– l'introduction de nouvelles technologies, notamment **tout aménagement important modifiant les conditions de santé et de sécurité ou les conditions de travail ;**

– les mesures prises en vue de faciliter la mise au travail des accidentés du travail, des personnes atteintes de maladies, etc.

11 – Cette compétence générale du CSE intègre toutes les questions « *relatives aux sujets énumérés et notamment les conditions de santé et de sécurité et les conditions de travail* » *(C. trav., art. L. 2312-8)*. Le domaine est large[16]. Ce texte fixe ainsi le champ des attributions du CSE, organisées dans le cadre des consultations et informations récurrentes et périodiques. C'est un périmètre d'attribution dont sont exclus « *les projets d'accord collectif, leur révision ou leur dénonciation* » *(C. trav., art. L. 2312-14)* et le domaine de la GPEC lorsque les entreprises ont conclu sur ce point un accord collectif. Le CSE laisse alors la place aux partenaires sociaux.

Cette énumération en apparence classique est essentielle. La nouveauté ne tient pas tant à l'élargissement des attributions du CSE au domaine des conditions de santé et de sécurité, qu'à l'exclusivité de son rôle. Son intérêt est de circonscrire le champ du droit conventionnel. L'ordonnance procède large-

(16) En ce sens *Y. Pagnerre et K. Pagani, Le vademecum des ordonnances Macron : Gualinon, 2018, p. 126.*

ment à un renvoi à l'accord collectif s'agissant du contenu de l' l'information et de la consultation du CSE... mais ceci dans le cadre délimité par les attributions générales conférées au CSE qui sont, elles, d'ordre public.

b) Méthode, modalités d'exercice

12 – L'intérêt de la loi tient aussi à **la méthode, aux modalités d'exercice de ces attributions générales.** Citons :

– l'éventuelle faculté d'initiative du CSE en matière sociale *(C. trav., art. L. 2312-12, I)* et notamment les propositions de nature à améliorer les conditions de travail, d'emploi, de formation professionnelle, les conditions de vie ;

– le pouvoir de procéder à des inspections en matière de santé et de sécurité et à des enquêtes en matière d'accident du travail ;

– le caractère préalable de la consultation sauf en cas d'OPA ;

– le rappel du principe d'un délai suffisant dans l'exercice de ses attributions consultatives, permettant au CSE d'exercer utilement sa compétence ;

– l'accès à des informations précises et écrites transmises ou mises à disposition par tout moyen par l'employeur et la réponse motivée de l'employeur.

Tout cela n'est pas complètement neuf : le cadre est fixé par la loi, même si la trame, notamment en matière de délais dans lesquels les avis des CSE sont rendus, relève du droit conventionnel et, à défaut, du pouvoir réglementaire.

c) Les missions du CSE font l'objet d'une déclinaison

13 – Consultations récurrentes.– S'agissant des consultations récurrentes, la nouveauté ne tient pas aux thèmes puisque l'ordonnance reprend l'architecture des trois grandes consultations de la loi du 17 août 2015 : consultations sur *« les orientations stratégiques de l'entreprise, la situation économique et financière, la politique sociale de l'entreprise, les conditions de travail et d'emploi ».*

L'intérêt tient plutôt en la reprise par l'ordonnance de la déclinaison proposée par la loi du 8 août 2016 (loi dite « El Khomri ») entre ce qui relève de l'ordre public et ce qui se rattache au champ de la négociation collective.

Le principe des trois thèmes de consultation semble impératif. Ses modalités relèvent, en revanche, du champ de la négociation collective.

Seule mais importante adaptation, l'ancienne compétence du CHSCT faisant le bilan de la situation générale de la santé, de la sécurité et des conditions de travail et établissant le programme annuel de prévention des risques professionnels et d'amélioration des conditions de travail est désormais rattachée à la consultation sur la politique sociale du CSE.

14 – Consultations ponctuelles. – S'agissant des consultations ponctuelles, l'énumération des hypothèses de consultation du CSE est une déclinaison de l'article L. 2312-8 du Code du travail à laquelle il faut ajouter 6 thèmes spécifiques qui ne sont qu'une reprise des anciennes dispositions[17] et une myriade de règles spéciales éparpillées dans le Code du travail, le Code de la sécurité sociale, le Code de commerce, le Code des transports faisant référence à cette consultation : règlement intérieur, prêt de main d'œuvre à but non lucratif, aménagement du temps de travail, etc.

C'est dire l'importance de l'énoncé général de l'article L. 2312-8 du Code du travail. Notons la référence explicite dans ce texte à l'information consultation du CSE sur l'introduction de nouvelles technologies : disparaît l'ancienne formulation de **« projet important** d'introduction de nouvelles technologies » au profit de « ***tout aménagement important*** *modifiant les conditions de santé et de sécurité* ». Identité ou non ?

Et surtout la suppression du CHSCT[18] opère un transfert de compétence : ce sera au CSE d'être consulté sur les conséquences de l'introduction de nouvelles technologies sur la santé et la sécurité des travailleurs. La référence *(C. trav., art. L. 2312-8)* à l'aménagement « *des conditions de travail* » permet une reprise par le comité social et économique de la traditionnelle mission consultative du CHSCT : transformation des postes de travail, modification de l'outillage, des cadences, de la durée du travail, de la formation, relèvent désormais de la mission globale du CSE.

La globalisation des missions est transcrite dans les textes. Est-elle aménageable dans les faits ?

(17) Mise en œuvre des moyens de contrôle de l'activité des salariés : *C. trav., art. L. 2312-38* ; restructurations et compression d'effectif : *C. trav., art. L. 2312-39* ; licenciement pour motif économique : *C. trav., art.* L. 2312-49 ; concentration de sociétés : *C. trav., art., L. 2312-41* ; OPA : *C. trav., art. L. 2312-42* ; procédure de sauvegarde et de liquidation judiciaire : *C. trav., art. L. 2312-53*.

(18) Et celle de l'information de celui-ci sur le plan d'adaptation de l'article L. 4612-10 du Code du travail.

B. – Des aménagements : la CSSCT

15 – L'ordonnance du 22 septembre 2017 impose la création au sein du CSE d'une commission santé, sécurité et conditions de travail (CSSCT) dans les entreprises et établissements distincts d'au moins 300 salariés, dans certains établissements spécifiques[19] et là où l'inspecteur du travail estime que c'est une mesure nécessaire en raison de la nature des activités, de l'agencement ou de l'équipement des locaux. Dans les autres entreprises, c'est l'accord collectif qui peut la mettre en place comme il peut prévoir d'autres commissions pour l'examen de problèmes particuliers.

Certes, c'est l'accord d'entreprise (et à défaut le règlement intérieur) qui définit les missions de la CSSCT, son périmètre (entreprise, établissement) ses moyens. Mais la loi la modèle à grands traits.

La CSSCT (composée de membres du CSE) est une facette du CSE. Ses missions sont exercées par délégation du CSE dans le cadre légal : santé, sécurité, conditions de travail. Sa marge de manœuvre est relative : elle n'a pas de compétence propre, pas de personnalité morale, pas de possibilité de désigner un expert, pas de pouvoir de consultation ni d'expression d'un avis *(C. trav., art. L. 2315-38)*.

16 – Dans le silence de l'accord, certains auteurs y voient un organe technique sans capacité d'action autonome. Ses attributions sont celles que le CSE lui laisse dans le champ de la santé et de la sécurité. Elle ne dispose pas de local, de moyens, de budget. Enfin le seuil de 300 salariés est trop élevé. Bref, en l'absence de précision dans l'accord collectif ou le règlement intérieur du CSE, la commission présenterait le risque d'une commission « croupion »[20].

Pour d'autres en revanche la CSSCT est un organe spécialisé qui effectue un travail de préparation essentiel. Ses attributions seront celles que le CSE lui laissera dans le champ de la santé et de la sécurité. Il est possible d'avoir des commissions dynamiques et inventives.

(19) Dans les établissements comprenant au moins une installation nucléaire ou classée SEVESO : *C. trav., art. L. 2315-36 et L. 2315-37.*

(20) V. *P.-Y. Verkindt, La bête est morte, à propos de la commission santé, sécurité et conditions de travail : SSL 2017, n° 1790, p. 75 suppl..*

L'accord PSA[21] en est un exemple puisqu'il met en place une CSSCT auprès de chaque CSE d'établissement, quel que soit son effectif. La CSSCT exerce, par délégation du CSE d'établissement, toutes les compétences du CSE en matière de santé sécurité, à l'exception du recours à l'expert et des attributions consultatives. Alors la CSSCT… retour du CHSCT ?

C. – Le point de vue du praticien

17 – En apparence, la réforme issue de l'ordonnance du 22 septembre 2017[22] a plus d'impact sur l'architecture de la représentation du personnel que sur ses missions. Le comité social et économique (CSE), instance nouvelle, reprend les missions de ses prédécesseurs. Mais les entreprises ne doivent pas se cantonner à cette première analyse.

1° Améliorer le dialogue social

18 – La réforme leur donne une opportunité de n'avoir qu'un interlocuteur unique, aux missions clairement identifiées, mais aussi (et surtout) de s'interroger (à nouveau) sur le sens à donner au dialogue social : un meilleur échange sur la stratégie de l'entreprise et la prise en compte de ses enjeux économiques, une politique plus réaliste de GPEC, une implication plus grande des acteurs pour l'amélioration des conditions de travail.

Les entreprises doivent ainsi prendre conscience qu'elles ont un intérêt majeur à aménager les missions du CSE pour valoriser le dialogue social. La réforme est belle mais c'est une architecture. Le risque est que le contenu ne soit pas à la hauteur.

Pour aménager ces missions, un préalable est posé : la négociation d'un accord de méthode. Une globalisation efficace des missions suppose une négociation.

Négociation nécessaire car les dispositions supplétives sont, ici, très contraignantes (substantiellement plus contraignantes que celles relatives à la mise en place du CSE). À défaut d'accord, les entreprises doivent en effet :

(21) *Accord PSA Automobiles, 13 avr. 2018, relatif à la mise en place des nouvelles instances représentatives : Liaisons soc. Actualité n° 17567.* – V. également *Accord Oracle, 13 févr. 2018, relatif à la mise en place du CSE.*
(22) *Ord. n° 2017-1386, 22 sept. 2017.*

– procéder aux consultations périodiques annuellement, ce qui est inadapté pour la consultation sur les orientations stratégiques ;

– appliquer des délais préfix de consultation sans nuances, identiques quels que soient les sujets de consultation (alors que toutes les consultations n'ont pas la même importance ou le même degré d'urgence) ;

– confectionner et mettre à jour une base de données économiques et sociales (BDES) excessivement lourde avec les risques de contestation dont la Cour de cassation s'est faite l'écho dans un arrêt récent[23] ;

– s'en remettre au règlement intérieur du CSE pour son fonctionnement et celui de ses commissions.

La négociation n'est pas facile : une mécanique d'horlogerie se fera sur des réglages fins équilibrant (ou tentant d'équilibrer) les intérêts des parties prenantes.

2° Les missions des commissions

19 – Parmi ces réglages figureront les missions des commissions. Elles joueront un rôle actif pour permettre au CSE de relever l'enjeu de cette globalisation des missions. La commission santé, sécurité et conditions de travail (CSSCT) d'abord. C'est la plus sensible et la plus commentée.

20 – Corriger le déficit de proximité : la cartographie des CSSCT. – Le premier ingrédient de dosage est la cartographie des CSSCT. Certains accords prévoient déjà :

– des commissions en dessous du seuil légal de 300 salariés : cela peut se justifier mais sans doute dans des activités à risques forts (dans lesquelles d'ailleurs cette mise en place pourrait être imposée par l'inspecteur du travail) ;

– de ne pas se limiter à une CSSCT par CSE mais de créer des CSSCT « sectorielles » ou « de site ». Il s'agit d'une piste intéressante dans certains environnements où l'activité est éclatée. Une réserve toutefois, ne pas « recloisonner » les discussions sur la santé et la sécurité, au risque de perdre l'intérêt de la globalisation des missions évoquée ici : à limiter donc à certains environnements.

(23) *Cass. soc., 28 mars 2018, n° 17-13.081 : JurisData n° 2018-004761 : JCP S 2018, 1167, note S. Guedes da Costa et C. Michaud.*

21 – Corriger le déficit de technicité : la reconstitution d'une forme de spécialisation. – Le deuxième ingrédient de dosage porte sur les missions des CSSCT. Leurs missions peuvent être larges. Certains accords s'engagent ouvertement dans cette voie[24].

Du point de vue du praticien et au-delà de ses domaines réservés (consultation et recours à l'expertise), il peut être judicieux que le CSE conserve les missions « structurantes » de procéder à l'évaluation des risques et de participer à l'élaboration du programme annuel de prévention *(C. trav., art. L. 2312-9)*. Il peut aussi être cohérent qu'il demeure maître des initiatives à proposer à l'employeur en matière de prévention du harcèlement *(C. trav., art. L. 2312-9)*. Sur ces thèmes, la CSSCT peut être active mais dans un rôle de préparation des réunions du CSE.

C'est également le CSE qui peut, le plus légitimement, garder l'initiative des propositions d'amélioration des conditions de travail et être chargé d'examiner celles de l'employeur *(C. trav., art. L. 2312-12)*.

La CSSCT peut être chargée de missions plus « réactives » : enquêtes en cas de risque grave, analyse du rapport du médecin du travail, inspections sur site *(C. trav., art. L. 2312-13)* et accompagnement de l'inspecteur du travail *(C. trav., art. L. 2312-10)*.

22 – Au-delà de la CSSCT, les premiers accords (ré) instituent certaines commissions « traditionnelles » : commission « économique », « emploi-formation », « activités sociales et culturelles ». Des initiatives plus originales peuvent toutefois être relevées : commission « réclamations »[25], commission transformation digitale, commission performance, commission qualité, commission diversités et compétences[26]. Là aussi tout est affaire de dosage.

Il faut rester prudent quant à la multiplication de ces commissions et la lourdeur de fonctionnement que cette inflation pourrait générer.

(24) *Accord Keolis Lyon, 29 mars 2018* : la CSSCT se voit déléguer l'ensemble des missions du CSE en matière de santé et de sécurité (sauf consultation et recours aux experts).
(25) *Accord MAIF, 30 avr. 2018* : sont instituées une « Commission d'application des textes » et une « Commission des réclamations ».
(26) *Accord Bouygues Télécom, 5 avr. 2018.*

23 – De manière plus générale, il faut s'interroger sur les délégations accordées par le CSE à certaines commissions. Si le sujet est traité pour la CSSCT (*C. trav., art. L. 2315-38*), il l'est moins pour les autres commissions. Au contraire, la commission économique « *étudie toute question que ce dernier [le CSE] lui soumet* » (*C. trav., art. L. 2315-46*). Elle assiste donc le CSE mais ne s'y substitue pas. La commission formation est notamment chargée de « *préparer les délibérations du CSE* » (*C. trav., art. L. 2315-49*). Toute mission exercée sur le fondement d'une délégation fragile pourrait être remise en cause.

II. – Centralisation des compétences

24 – La réforme opère également une centralisation des compétences. La fusion des attributions aboutit à un transfert des missions de proximité au CSE. Est-ce un progrès ? La prise en compte du chevauchement des territoires conduit à une plus ferme répartition des missions entre CSE central et CSE d'établissements. Est-ce une simplification ?

A. – Transfert des missions de proximité

1° Pouvoir de revendication et d'alerte

25 – Au sein des entreprises de moins de 50 salariés, le CSE exerce **principalement l**es attributions anciennement dévolues aux délégués du personnel (*C. trav., art. L. 2312-5 à L. 2312-7*) : présenter à l'employeur les réclamations individuelles et collectives relatives aux salaires, à l'application du Code du travail et des dispositions conventionnelles dans l'entreprise, réaliser des enquêtes en matière d'accident de travail ou de maladies professionnelles.

La loi de ratification a modifié l'article L. 2312-5 du Code du travail afin de rétablir le droit d'alerte en cas d'atteinte au droit des personnes. La loi étend celui-ci au cas de danger grave et imminent en matière de santé publique et d'environnement. Le régime du droit d'alerte se trouve unifié, quelle que soit la taille de l'entreprise. Dans ces entreprises ilya continuité ; la réforme revient très largement à un changement de nom : les délégués du personnel deviennent le CSE, sans personnalité morale reconnue par la loi. Mais ce qui est essentiel c'est que ces mêmes pouvoirs sont désormais exercés par le CSE dans les entreprises de 50 salariés et plus : revendications individuelles, alerte, remontée d'informations sont centralisées auprès du CSE. Ce n'est pas sans inconvénient.

2° Risques de la centralisation : la création des représentants de proximité

26 – Le niveau centralisé du CSE d'entreprise voire du CSE d'établissement est-il opérant ? Ne peut-on craindre une moindre connaissance des problèmes, une moins bonne remontée de l'information, par exemple en matière de harcèlement, de conditions de travail, de difficultés de management ?

Dans le domaine de la santé et de la sécurité au travail, la suppression des délégués du personnel n'entraîne-t-elle pas une disparition, de fait, desdites missions ? Les employeurs ne perdent-ils pas l'occasion de repérer les signaux faibles d'un accident ou d'une maladie en gestation ?

Le pouvoir d'alerte, notamment en matière d'atteinte à la personne requiert une réelle proximité ; les responsables des ressources humaines locaux ne seront-ils pas démunis ?

Pour lever ces réserves, l'ordonnance instaure les représentants de proximité. Créés par voie conventionnelle qui en détermine les attributions, le nombre et les modalités de fonctionnement[27], les représentants de proximité sont soit membres du CSE, soit désignés par lui parmi le personnel (donc des tiers au CSE). Leur but est d' « éviter que la fusion des IRP et l'unification du périmètre de représentation ne se traduisent par une centralisation excessive de cette représentation au niveau de l'entreprise »[28].

27 – Leurs missions d'essence conventionnelle ne peuvent recouvrir les attributions d'ordre public du CSE telle celle confiée anciennement aux délégués du personnel en matière d'inaptitude.[29] Le but n'est pas, en effet, de réintroduire par ce biais les délégués du personnel, au risque de créer une instance concurrente du CSE. De même, le représentant de proximité ne saurait avoir une fonction de négociation en lieu et place du CSE dans le cadre de l'article L. 2232-12 du Code du travail (accord collectif conclu avec le CSE en l'absence de délégués syndicaux).

(27) Accord avec DS ou avec CSE, majoritaire, même accord que celui qui délimite les établissements.

(28) V. exposé des motifs.

(29) En ce sens, V. E. *Jeansen, Les représentants de proximité, une représentation du personnel à dessiner : JCP S 2018, 1084.*

Sont plutôt concernées les missions en matière de santé, sécurité et conditions de travail, l'alerte, la transmission des revendications individuelles, le rôle d'intercession entre salariés et employeur. Ainsi l'accord conclu dans la société Mutex[30] confère à ces représentants de proximité la fonction de présenter les réclamations individuelles et collectives du personnel.

28 – Pour autant, ces missions ne sont pas ôtées au CSE car, à la différence des commissions précédemment citées, il n'y a pas de délégation du CSE au représentant de proximité. Les attributions de l'un ne se substituent pas à celles de l'autre. Les missions du représentant de proximité et du CSE s'emboîtent sans s'exclure.

29 – Reste ensuite à préciser par voie conventionnelle la portée de l'intervention des représentants de proximité[31] : rôle de transmission au CSE ou à la CSSCT des suggestions des salariés en matière de prévention des risques professionnels et conditions de travail ou véritables suggestions en matière de bien-être au travail ou de fonctionnement de l'entreprise ?

Tout dépend des stipulations de l'accord. À défaut de précision conventionnelle, le représentant de proximité n'existe pas. La loi ne comporte aucune disposition supplétive. C'est donc un rôle facultatif et une mission d'assistance des membres du CSE et de proximité qu'ils exercent.

B. – Répartition CSE central et CSE d'établissement

1° Un effort de clarification

30 – L'un des objectifs poursuivis par l'ordonnance est de mettre un terme à un contentieux récurrent : rappelons les difficultés d'interprétation de la loi Rebsamen du 17 août 2015 qui, s'agissant du comité central d'entreprise, précisait qu'« *il est seul consulté sur les projets décidés au niveau de l'entreprise qui ne comportent pas de mesures d'adaptation spécifiques à un ou plusieurs établissements* ». L'interprétation de ce texte a soulevé des questions : fallait-il considérer que la saisine du seul CCE ne s'appliquait qu'aux consultations portant sur un projet ponctuel et que les

(30) *Accord, 21 févr. 2018*. – Les représentants de proximité devront être reçus collectivement tous les 2 mois par l'employeur. Ils établiront une liste de questions auxquelles l'employeur devra répondre dans les 8 jours.
(31) V. les propositions de S. *Niel, À quoi servent les représentants de proximité ? : SSL 2018, 1802.*

consultations récurrentes continuaient à donner lieu à la double saisine du CCE et des comités d'établissement ? Certaines cours d'appel persévèrent dans l'exigence d'une double consultation du CCE et des comités d'établissement sur la situation économique et financière et la politique sociale de l'entreprise.

31 – À cet égard l'ordonnance fait un effort de clarification vertueux. Le texte précise tout d'abord que les attributions sont fonction de l'effectif de l'entreprise et non de celui des établissements.

Il essaie ensuite (hors décision unilatérale de l'employeur) d'instaurer un périmètre respectif des missions du CSE central et des CSE d'établissement dans une logique de centralisation, tout en ouvrant des possibilités d'aménagement de la répartition des rôles par voie conventionnelle La ligne est claire : priorité est donnée au niveau central. La distribution des missions entre CSE central et CSE d'établissement se fait sur le fondement de la notion de « mesure d'adaptation ». Au CSE central la définition des grandes orientations fondant la vie économique de l'entreprise. À l'instance d'établissement, les projets locaux ressortissant aux pouvoirs du représentant de la collectivité d'établissement.

2° Une mise en œuvre délicate

32 – Malgré ces précisions tous les doutes ne sont pas levés.[32] **S'agissant des consultations récurrentes,** en l'absence d'accord, le CSE est consulté chaque année sur les orientations stratégiques, la situation économique et financière de l'entreprise *(C. trav., art L. 2312-22).*

La consultation sur la politique sociale de l'entreprise, les conditions de travail et l'emploi est conduite à la fois au niveau central et au niveau des établissements « lorsque sont prévues des mesures d'adaptation spécifiques à ces établissements ».

Aussi, sauf volonté contraire de l'employeur ou accord collectif, prévalence est en apparence donnée au niveau centralisé de l'entreprise. Seules les mesures d'adaptation à l'établissement de la politique sociale de l'entreprise relèvent de la consultation du comité d'établissement et par exemple, les mesures d'adap-

(32) *P. Lagesse et V. Arillei, La répartition des compétences consultatives des comités sociaux économiques dans les entreprises à structure complexe : JCP S 2017, 1376. – A. Cœuret, F. Duquesne, Un aspect de la représentation élue du personnel dans l'entreprise après l'ordonnance du 22 septembre 2017 : l'hypothèse du fractionnement en établissements distincts : RJS 2018, p. 363.*

tation en matière d'hygiène, de sécurité, de conditions de travail spécifiques à un établissement.

33 – S'agissant des consultations ponctuelles, l'article L. 2316-2 du Code du travail dispose que le CSE central est informé, consulté sur tous les **projets importants** concernant l'entreprise en matière économique et financière ainsi qu'en matière de santé, de sécurité et de conditions de travail. Mais cette interprétation doit être conjuguée avec l'article L. 2316-1 du Code du travail qui dispose que le CSE central est seul consulté :

– sur les projets décidés au niveau de l'entreprise qui ne comportent pas de mesures d'adaptation spécifiques à un ou plusieurs établissements ;

– et sur les projets **et consultations récurrentes décidés au niveau de** l'entreprise lorsque leurs éventuelles mesures de mise en œuvre (qui feront ultérieurement l'objet d'une consultation spécifique) ne sont pas encore définies ;

– ainsi que sur les mesures d'adaptation communes à plusieurs établissements.

L'interprétation n'est pas aisée : si les projets et consultations récurrentes exigent des mesures de mise en œuvre, faudra-t-il prévoir une consultation spécifique des comités d'établissement pour celles-ci dans tout domaine et non pas uniquement en matière de politique sociale comme aurait pu le laisser penser la lecture de l'article L. 2312-22 du Code du travail ? La notion de mesures de mise en œuvre est-elle synonyme de celle de mesure d'adaptation ? Le risque de confusion perdure. C'est un peu dommage.

34 – Pourtant la ligne tracée par l'ordonnance est claire : un objectif de centralisation ; une autonomie des établissements circonscrite à des « *mesures d'adaptation spécifiques à l'établissement* » d'un projet retenu à un niveau supérieur. Tout dépend en réalité de l'effet de la décision économique de l'employeur sur l'établissement. La seule analyse des conséquences du projet sur l'établissement n'est plus suffisante à placer le CSE d'établissement dans la boucle. Est requise la nécessité de mesures d'adaptation spécifiques. Tant que le projet de rang central ne comporte pas de telles mesures, il échappe à la consultation des élus locaux. Rappelons enfin, et c'est essentiel, que cette règle intervient en l'absence de dispositions conventionnelles : un accord collectif majoritaire conclu avec un délégué syndical DS ou, à défaut, avec la délégation du personnel du CSE peut organiser une répartition des pouvoirs différente.

C. – Le point de vue du praticien

35 – La centralisation des missions de représentation du personnel semble se confirmer à la lecture des premiers accords publiés. Elle est facilitée par la définition désormais plus stricte de l'établissement distinct. Mais les entreprises savent que la centralisation extrême n'est ni viable ni souhaitable. Elles introduisent donc des correctifs afin d'éviter le « sous-dosage » de représentation du personnel, le syndrome des « représentants déconnectés ».

1° Premier correctif : les représentants de proximité

36 – La mise en place des représentants de proximité a du sens sur des sites suffisamment consistants où il n'y a pas de CSE (éloignement du siège, nombre de salariés, implantation pérenne). Les représentants de proximité seront des délégués « relais » :

– relais des salariés pour la transmission des réclamations individuelles et collectives ;

– relais sur les situations de stress, de RPS, de harcèlement ;

– relais des actions du CSE sur le terrain.

Mais il ne faut pas oublier que le représentant de proximité ne sera pas un « délégataire » du CSE, il n'aura à ce titre pas de capacité réelle d'action. Il faudra donc organiser la coordination de ses missions (transmission de l'information) et de celles du CSE (gestion de l'information).

Déléguer des missions du CSE aux représentants de proximité RDP serait d'ailleurs juridiquement contestable. Cela pourrait paraître pertinent pour la gestion des réclamations individuelles ou collectives. Mais est-ce légal ? Il est permis d'en douter[33].

(33) *Accord SAF, 29 mars 2018* : « Ils [les RDP] travaillent de concert avec l'animateur sécurité et interviennent notamment sur : les enquêtes accident du travail, l'organisation des visites de site, les études de poste, le port des équipements de sécurité ». Une option plus prudente a été retenue dans l'accord Mutualité Française Comtoise du 28 mars 2018 : la CSSCT garde le contrôle sur les missions exercées par les représentants de proximité, procède aux enquêtes et accompagne les représentants de proximité si ces derniers les réalisent. Dans un accord « audacieux » (accord Logista France du 28 mars 2018) : « Ils [les RDP] travaillent de concert avec l'animateur sécurité et interviennent notamment, sur : les enquêtes accidents du travail, l'organisation des visites de site, les études de postes, le port des équipements de sécurité ».

Le choix des représentants de proximité parmi les membres du CSE peut permettre d'assurer une meilleure connexion avec le CSE. C'est donc une option à privilégier. Une désignation hors CSE peut en revanche se justifier dans les établissements où aucun membre du CSE ne travaille. Un crédit d'heures de délégation se justifie si le représentant de proximité est membre du CSE suppléant ou non membre du CSE.

2° Deuxième correctif : améliorer la circulation de l'information

37 – Le deuxième correctif et moyen de connecter le CSE au personnel passe par l'amélioration des canaux de transmission de l'information via l'utilisation des technologies d'échange (réseaux sociaux, messageries, etc.).

La modernisation des communications entre les salariés et leurs représentants est un chantier important. Le CSE doit pouvoir prendre en compte effectivement les intérêts des salariés « *exerçant leur activité hors de l'entreprise ou dans des unités dispersées* » *(C. trav., art. L. 2315-1)*.

Mais la grande majorité des accords est encore prudente car les entreprises se méfient des communications excessives et intempestives. Elles privilégient la communication non portée, pas mise en ligne sur un site dédié des communications des instances. D'autres accords vont au contraire beaucoup plus loin en permettant la communication des PV par email à tous les salariés et, plus largement, l'utilisation de la messagerie professionnelle par les représentants du personnel dans leurs missions[34].

3° Troisième correctif : repenser l'articulation comité social et économique et comité central social et économique

38 – La mise en place des comités centraux sociaux et économiques (CCSE) et comités sociaux et économiques d'établissement (CSEE) est l'occasion d'apaiser un sujet qui donne lieu, encore actuellement, à d'importants contentieux sur les rôles respectifs des CE et CCE. C'est un sujet qui n'avait pas été suffisamment clarifié par la loi Rebsamen du 17 août 2015.

39 – Deux propositions peuvent sur ce point être avancées :

• la première consiste à mener prioritairement les consultations et expertises au niveau du comité central. Nous aboutissions jusqu'ici à certaines situations

(34) *Accord Mutualité Française Comptoise, 28 mars 2018.*

irréalistes : des consultations et expertises sur les orientations stratégiques au niveau d'établissements sans stratégie propre ; des consultations et expertises sur la situation économique et financière alors que l'établissement ne produisait pas de comptes ou n'avait pas de résultats propres.

L'ordonnance du 22 septembre 2017 pose un principe désormais clair des consultations récurrentes au niveau central, sous réserve d'une consultation complémentaire sur la politique sociale si cela se justifie pour un ou plusieurs établissements *(C. trav., art. L. 2312-22)*. Le comité central doit être l'organe de consultation, le comité d'établissement davantage une instance d'information. Le premier peut conserver ses prérogatives en termes de consultation sur des projets de l'établissement, notamment en termes d'organisation du travail ;

• la deuxième **proposition** vise à décentraliser certaines missions au niveau des comités d'établissement. On peut penser ici aux réclamations individuelles et collectives et aux principales questions liées à la santé et la sécurité[35]. C'est à ce niveau qu'il est pertinent de traiter de ces sujets qui sont des sujets « de proximité » ou « de terrain ».

III. – La négociation collective : un rôle majeur

A. – Typologie des accords

40 – De nombreux accords collectifs ont été conclus par le passé relatifs tant à la mise en place qu'au rôle des instances représentatives du personnel. Ces accords collectifs anciennement conclus sont devenus caducs.

Remarquons aussi que, s'agissant du CSE, la loi fait référence aux accords collectifs majoritaires au sens de l'article L. 2232-12, alinéa 1 du Code du travail (et donc exclusion faite de l'accord référendaire) et, en l'absence d'accord et de délégué syndical, à l'accord collectif conclu entre l'employeur et le CSE adopté à la majorité des membres titulaires élus de la délégation du personnel du comité *(C. trav., art. L. 2313-3)*.

(35) Sous réserve de la consultation du comité central sur « *les projets importants concernant l'entreprise en matière de santé, sécurité et conditions de travail* » *(C. trav., art. L. 2316-2)*.

Les voies alternatives semblent écartées. Sont ainsi visés les accords portant sur les consultations récurrentes, la BDES, le contenu des consultations ponctuelles et la possibilité de conclure et d'appliquer de tels accords, pendant la période transitoire, aux anciennes IRP encore présentes.

41 – En revanche, s'agissant tant des missions des commissions (dont la CSSCT) que de celles des représentants de proximité, l'ordonnance *(C. trav., art. L. 2313-7 et L. 2315-4)* fait référence à l'accord déterminant le nombre et le périmètre des établissements distincts *(C. trav., art. L. 2313-2)* qui répond lui-même aux exigences précédentes. Dès lors la négociation des missions des commissions (la CSSCT par exemple) et celles des représentants de proximité semblent dépendantes de ce type d'accord. Pourrait – on concevoir qu'un accord de droit commun majoritaire puisse y pourvoir ?

Au crédit de la référence exclusive à l'accord délimitant les établissements distincts, il peut être observé que cet accord structure de manière globale les IRP dans l'entreprise : découpage en établissements, nombre et périmètre des CSSCT, et des représentants de proximité et sans doute missions de ceux-ci. Mais à l'inverse, il faut noter que les accords de l'article L. 2313-3 du Code du travail sont majoritaires et acquièrent, de ce fait, une vraie légitimité.

B. – Champ de la négociation collective

42 – La loi fixe un cadre impératif s'agissant notamment des consultations récurrentes. Mais curieusement, l'énumération légale des thèmes de consultation : orientations stratégiques de l'entreprise, situation économique et financière de l'entreprise, politique sociale de l'entreprise, conditions de travail et emploi est reprise par les dispositions supplétives... puis explicitée. Est-ce à dire que la trilogie peut elle-même être négociée ? Il est permis d'en douter.

Ceci étant, la négociation collective a un rôle essentiel pour assurer l'adaptabilité des missions du CSE aux différentes entreprises.

43 – S'agissant des **consultations récurrentes,** l'accord collectif peut, en vertu de l'article L. 2312-19 du Code du travail, remodeler le **contenu**, la périodicité, les modalités de celles-ci, dans le cadre précédemment rappelé. Il peut organiser le nombre de réunions annuelles du comité, les niveaux de ces consultations, les délais dans lesquels les avis du CSE doivent être rendus, la possibilité de rendre un avis unique sur plusieurs questions. Bref, le champ conventionnel concerne **les thèmes de consultation** et l'organisation de celle-ci. L'énumération des dispositions supplétives de l'article L. 2312-26 (relative à la politique sociale de l'entreprise, les conditions de travail et d'emploi) peut inciter à adopter un contenu consultatif plus léger.

L'accord collectif peut aussi permettre de préciser **la liste des informations nécessaires à ces consultations**. L'amélioration voire l'allègement de la BDES telle qu'envisagée par l'article L. 2312-36 du Code du travail est une forte incitation à négocier avec cependant le respect d'un contenu minimum. L'accord collectif peut ainsi permettre une information – consultation à la main des négociateurs et une articulation des niveaux de consultation.

44 – Le champ de la liberté conventionnelle paraît en revanche **plus réduit pour les consultations ponctuelles** en raison de l'énumération des articles L. 2312-37 et L. 2312-8 du Code du travail. Notons cependant que certaines consultations ponctuelles peuvent être effectuées au niveau du comité de groupe *(C. trav., art. L. 2312-56)*.

45 – Le représentant de proximité emprunte pour sa part une voie conventionnelle unique, celle adoptée pour le découpage de l'entreprise en établissements distincts. De nombreuses questions devront être tranchées : le périmètre de son intervention doit, en principe, être infra établissement et les missions correspondre aux besoins identifiés au niveau d'un site, par exemple la présentation de réclamations individuelles ou collectives dans les différents sites lorsque le périmètre des établissements distincts se situe à un niveau plus centralisé.

L'accord peut-il confier aux représentants de proximité une partie des attributions du CSE, bref déléguer ses obligations légales ? Plusieurs éléments s'y opposent : le caractère d'ordre public des missions du CSE, la moindre légitimité des représentants de proximité désignés par le CSE et non élus. Mais à l'inverse, il est possible d'arguer que l'accord collectif de découpage en établissements distincts est majoritaire et que l'ordonnance lui confère toute « *latitude pour adapter leurs attributions au regard des besoins identifiés dans l'entreprise en matière d'IRP* »[36]. Une telle délégation éviterait les redondances de missions à condition que soit toutefois respectée la frontière suivante : au seul CSE la mission collégiale d'expression d'un avis qui conditionne la validité d'une procé-

(36) Exposé des motifs de la loi.

dure ou d'un projet. Aux représentants de proximité une délégation des missions d'alerte, d'inspection, d'intercession, de recommandation, de prévention... L'accord doit en tout cas établir une liste précise de ces missions et le CSE n'en est pas dépossédé.

Mais ne revient-on pas, alors, à la distinction des missions des délégués du personnel et du comité d'entreprise ? La création de représentants de proximité n'est-elle pas un moyen de redéployer les anciens DP ?

46 – Rappelons enfin la **création purement conventionnelle de diverses commissions** et le rôle majeur de l'accord collectif pour la CSSCT : la mission et les moyens de ces commissions sont fixés par l'accord collectif ou le règlement intérieur du CSE., droit à la formation par exemple. La loi ne dit rien. La question reste donc entière, faute d'accord. Ce rôle de la négociation paraît essentiel : prévoir cas par cas une bonne articulation des missions, donner véritablement son sens et sa portée à cette réforme, éviter le retour aux bonnes vieilles habitudes.

C. – L'opinion du praticien

47 – Les premières négociations sont terminées et il s'en ouvre tous les jours. Le rythme s'accélérera jusqu'à l'échéance du 1er janvier 2020. Parmi les multiples enjeux et questions que pose la négociation sur les missions du CSE, quatre questions parmi les plus structurantes et auxquelles la pratique nous confronte méritent d'être abordées (en plus de celles qui ont été évoquées précédemment, notamment celle sur la santé et la sécurité).

1° Rééquilibrer la négociation sur les missions

48 – À la différence des négociations sur la mise en place du CSE, il est évident que la négociation sur les missions du CSE se présente dans des conditions défavorables pour les entreprises. Et ceci en raison des dispositions supplétives très contraignantes sur : le nombre de réunions et la périodicité des consultations, la délimitation des missions par règlement intérieur du CSE (au sein duquel l'employeur est dilué). Un correctif pouvant être apporté consiste à mener ensemble la négociation sur les missions et celle sur la mise en place du CSE.

49 – Deux approches ont manifestement cours en pratique :

– certaines entreprises ont eu pour approche de ne traiter que de la mise en place pour essayer d'optimiser ce thème et de réduire autant que possible le nombre d'instances et d'élus, ainsi que leurs moyens. Elles ne veulent pas, en sollicitant des concessions des organisations syndicales sur les missions, en consentir sur la mise en place. Mais cette approche fragilisera nécessairement la négociation ultérieure sur les missions ;

– d'autres entreprises mènent les deux « de front ». C'est une approche plus ambitieuse mais qui permet d'accorder toute l'importance qu'elle mérite à la question des missions. En contrepartie de certaines concessions sur la mise en place et les moyens, ces entreprises peuvent vraiment adapter le fonctionnement du CSE à leurs besoins et réalités.

50 – Il semblerait que les syndicats soient majoritairement favorables à une négociation unique. Ils voient là la possibilité de « contrebalancer » certaines concessions sur les missions du CSE (contenu et périodicité des consultations, expertises, etc.) en contre-partie d'un assouplissement des conditions de mise en place (nombre d'élus, mise en place des commissions et des représentants de proximité, etc.). Certaines entreprises peuvent, en miroir, faire la même analyse.

Mais la difficulté peut venir des temporalités différentes de ces deux négociations. La date de mise en place du CSE est imminente et la négociation des missions du CSE pourrait supposer de disposer de plus de temps.

2° Aménager les consultations

51 – C'est un point central de la négociation. L'aménagement des consultations peut prendre plusieurs formes :

– les espacer, surtout pour la consultation périodique sur les orientations stratégiques dont la périodicité annuelle n'est pas adaptée et prévoir, éventuellement, un avis unique sur la situation économique et financière et la politique sociale ;

– préciser les thèmes de consultation périodique. L'accord peut notamment résoudre cette difficulté, figurant dans les dispositions supplétives, et qui est que les consultations sur les orientations stratégiques et sur la politique sociale traitent chacune de l'emploi (conséquences des orientations sur l'emploi pour la première, évolution de l'emploi pour la deuxième. La question de l'emploi doit pouvoir être réservée à la consultation sur la politique sociale ;

– les différencier, par exemple en distinguant les consultations que nous pouvons qualifier « de fonctionnement » de celles qui sont liées « à l'organisation » de l'entreprise.

52 – Parmi les consultations « de fonctionnement » figurent certaines décisions de gestion sociale courante (détermination de la période de congés payés, modalités de prise du repos compensateur de remplacement des heures supplémentaires, programmes de formation en matière de santé et de sécurité) ou d'aménagement conjoncturel relevant souvent un certain caractère d'urgence (dépassement de la durée maximale de travail, dérogation à la règle du repos dominical, dépassement du contingent annuel d'heures supplémentaires).

Elles doivent pouvoir se faire en une seule réunion et sur un délai restreint de 15 jours voire inférieur. Certains accords le stipulent.

Les consultations « d'organisation » peuvent être menées sur un temps plus long avec, le cas échéant, des distinctions à opérer : à titre d'illustration, une prise de participation minoritaire doit pouvoir donner lieu à des consultations « allégées » par rapport à une prise de contrôle.

3° Rationnaliser et sécuriser la transmission des informations

53 – La question de la transmission des informations et de leur mise en ligne sur la base de données économiques et sociales est un point très sensible aujourd'hui.

L'un des objectifs des accords est de mieux délimiter les informations pour se concentrer sur les informations utiles et les indicateurs essentiels. Les catégories réglementaires de la BDES ne sont pas très claires et certains souhaitent simplifier en distinguant la partie sociale et la partie économique.

L'un des enjeux est aussi de communiquer des informations réalistes, notamment pour les données prospectives (à défaut d'accord : données sur les 3 années à venir). Il est donc très important de négocier sur la BDES ; à défaut, c'est un outil très lourd et peu adapté.

4° Introduire la consultation par étapes

54 – Pour les opérations complexes, portant sur une opération économiquement ou juridiquement significative (acquisition, cession, fusion, apport partiel d'actif, etc.) et susceptibles d'avoir un impact social à terme (conditions de travail, organisation du travail, emploi, etc.), la possibilité d'une consultation par étapes peut être entérinée. Elle est aujourd'hui très utile dans la pratique mais parfois contestée par les partenaires sociaux. Il est judicieux de lever ces réticences en valorisant un travail de consultation en deux étapes, la première sur la décision et sa pertinence économique, la seconde sur ses modalités de mise en place.

La réussite de cette approche repose sur la confiance. Elle permet à l'entreprise de prendre dans un temps raisonnable des décisions importantes pour ses activités sans édulcorer le débat sur les enjeux pour la collectivité des salariés.

La consultation par étapes peut notamment s'appliquer en cas de conclusion d'un accord de groupe sur les consultations ponctuelles (*C. trav., art. L. 2312-56*). Le comité de groupe pourrait être consulté sur le principe et les modalités générales du projet ; les CSE sur ses modalités de mise en œuvre.

55 – Conclusion. – La mise en place des CSE est en cours alors que la réflexion sur ses missions n'apparaît pas mûre dans tous les environnements. Il est difficile d'évaluer à ce stade le niveau d'innovation des négociations qui se déroulent et celles qui continueront d'ici la mise en place des CSE, au plus tard le 1er janvier 2020. Les plus prudents pourraient souhaiter une première phase d'« expérimentation ». Les accords s'amélioreront probablement avec le temps et la maturité progressive des partenaires sociaux, des deux côtés de la table. Le millésime 2018 et 2019 sera probablement moins mûr que les millésimes suivants.

MOTS-CLÉS : *Comité social et économique – Missions*

TEXTES : *Ord. n° 2017-1386, 22 sept. 2017*

JURISCLASSEUR : *Travail Traité, fasc. 14-2, par Jean-Yves Kerbourc'h*

AUTRES PUBLICATIONS LEXISNEXIS : *Fiche pratique n° 4226 : informer et consulter le CSE, par Aliénor Chalot-Vanoli*

LES MOYENS DU COMITÉ SOCIAL ET ÉCONOMIQUE[1]

Laurent Marquet de Vasselot,

avocat associé, CMS Francis Lefebvre Avocats,
professeur associé à l'université Panthéon-Assas (Paris II)

Arnaud Martinon,

professeur à l'université Panthéon-Assas (Paris II)

1 – Changements ? – Le comité social et économique serait-il, seulement, un nouvel habillage d'un monde parfaitement connu ? Le dispositif tiré de l'ordonnance n° 2017-1386 du 22 septembre 2017, des décrets de décembre 2017 et de la loi de ratification du 29 mars 2018 emploient des concepts, des notions et des instruments avec lesquels le juriste vit depuis bien longtemps : les heures de délégation, les budgets du comité, les experts du comité, etc. Le droit transitoire inviterait d'ailleurs à considérer que rien ne change vraiment puisque les droits et obligations, les créances et les dettes sont transférés au profit de la nouvelle institution[2]. Naturellement, l'immobilisme ne sera ni le point de départ ni le constat de la présente étude. L'analyse oblige à formuler préalablement deux remarques générales.

2 – Dynamiques : moteur. – La première porte sur les dynamiques du changement ; deux présidents aux transformations des institutions.

D'abord, la fusion est nécessairement moteur de changement ; la fusion oblige le législateur à adapter notamment les moyens à la nouvelle institution

(1) Ndlr : cette étude est issue de l'intervention des auteurs au colloque organisé le 1er juin 2018, sous la présidence de Pierre-André Imbert et Laurence Pécaut-Rivolier, par le Laboratoire de droit social de l'université Panthéon-Assas (Paris II), sur le thème « Le comité social et économique ».

(2) *Ord. n° 2017-1386, 22 sept. 2017, art. 9, VI : JO 23 sept. 2017 ; JCP S 2017, 1313, étude J.-Y. Kerbourc'h.*

que constitue le CSE. Un exemple typique porte sur sa composition : le nombre de représentants et leur crédit d'heures sont affectés par la réforme. Un court exercice de comparaison[3] livre des enseignements intéressants. Dans une entreprise de 80 salariés, l'entreprise aurait compté 10 titulaires ; selon le texte nouveau, l'on passerait de 10 à 5 titulaires (soit une réduction de 50 %). Dans une entreprise de 300 salariés œuvraient hier 16 titulaires ; demain, le CSE serait composé (au moins) de 11 titulaires, soit une diminution de plus de 30 %. Pour être juste, il faudrait aussi relever que la baisse du nombre de représentants peut être compensée par le volume du crédit d'heures attribué au comité. Dans une entreprise de 80 salariés, l'on constate une baisse significative puisque l'on passe d'un nombre global de 140 heures de délégation à 95. En revanche, pour une entreprise de 300 salariés, la baisse par rapport au système ancien ne représente que 3 heures de délégation, soit une baisse de 1,2 %. En somme, la transformation de la composition est (parfois) largement atténuée par la stabilité des moyens attribués à l'institution.

3 – Dynamiques : vecteur. – Mais la fusion des institutions n'est pas seulement un moteur ; la fusion sert également de vecteur : alors que les règles anciennes étaient parfaitement compatibles avec l'institution nouvelle, le législateur profite de la rénovation pour introduire de plus ou moins subtiles modifications. En somme, la fusion des institutions sert ici de prétexte pour corriger le dispositif ancien. Le constat peut s'appuyer sur l'exemple de la prise en charge des frais d'expertise. Les experts du comité d'entreprise et du CHSCT deviennent les experts du CSE ; rien n'interdisait matériellement de reprendre à l'identique les modalités anciennes de financement des expertises ; au contraire, les textes intéressant le CSE élargissent considérablement le domaine de prise charge partielle des expertises par le comité. D'ailleurs, d'un point de vue de politique législative, le phénomène est intéressant : on rappellera qu'en 2013, lorsque, pour la première fois, une répartition des honoraires de l'expert avait été introduite, certains députés y avaient vu un recul de la loi ; à l'époque, le ministre du Travail avait répondu à la critique dans les termes suivants : « une nouvelle expertise *[liée à la consultation sur les orientations stratégiques]* est

(3) En partant de l'hypothèse que l'entreprise repère était hier dotée de délégués du personnel, d'un comité d'entreprise et d'un comité d'hygiène, de sécurité et des conditions de travail.

créée : c'est une avancée, car il s'agit d'un nouveau droit à expertise. Et c'est sur cette nouvelle expertise – pas sur les anciennes : aucun recul ne les concernant ! – que le texte prévoit » une contribution partielle du comité d'entreprise[4]. Les propos ne pourraient plus être tout à fait les mêmes aujourd'hui.

4 – Supports du changement. – Une seconde remarque porte sur les supports du changement. L'accord collectif de travail triomphe dans le monde nouveau, au point d'ailleurs que certains auteurs qualifient un tel constat de banalité, de lieu commun[5]... Nous n'échapperons pas à la « banalité ». Toutefois, on peut se demander si le contrat a vraiment tous les honneurs dans le dispositif nouveau ; CSE et contrat entretiennent des rapports ambigus. Certes, l'accord est dans l'ombre de la loi : c'est cette dernière (et non plus le contrat comme l'avait envisagé la loi Rebsamen du 17 août 2015) qui a forcé l'union des institutions ; également, l'accord collectif ne joue que par une forme de délégation accordée par la loi. Mais les ordonnances et la loi de ratification constituent un bel hommage à l'accord ; seul l'accord collectif a la capacité de transformer le CSE en conseil d'entreprise ; pour se concentrer sur les moyens du CSE, l'accord collectif s'insinue dans chaque recoin des moyens. Dans ce contexte, l'accord collectif dépasse très largement le seul domaine du droit et rejoint l'univers des relations sociales ; l'on entend déjà quelques représentants syndicaux subordonner la négociation sur tel ou tel sujet (rémunération, travail de nuit...) à la condition de négocier, par exemple, sur le nombre d'heures de délégation ou sur les moyens accordés aux représentants de proximité. L'accord CSE entre très clairement dans la ronde des stratégies de négociation. Le contrat est bien désormais le socle ; il existe dorénavant deux régimes des moyens du CSE : ceux sous contrat (1) et ceux hors contrat (2).

I. – Les moyens sous contrat

5 – Le recours au contrat collectif pour l'aménagement de la représentation du personnel n'est pas un phénomène nouveau ; ilya bien longtemps que les heures de délégation, le budget du comité d'entreprise, sont susceptibles d'adaptation par accord d'entreprise ou de branche. Mais le droit du CSE va

(4) *M. Sapin : JOAN 2013, p. 3874.*
(5) *V. Roche, Le budget du comité social et économique : JCP S 2018, 1159, spéc. § 8.*

plus loin, de sorte qu'il oblige à entrer dans la mécanique de l'accord collectif : son contenu (A), sa nature (B) et sa liberté (C).

A. – Contenu de l'accord

6 – L'ère conventionnelle. – Deux phénomènes complémentaires participent au développement de l'accord collectif. D'abord, les moyens du CSE n'échappent pas au souffle de l'ère du conventionnel. À ce titre, on observera que si le contrat s'insinue dans le droit du CSE, les règles intéressant les moyens entrent difficilement dans l'architecture de la « maison à trois étages » vantée par la précédente législature ; autant les consultations du CSE sont organisées selon le triptyque ordre public/champ de la négociation/dispositions supplétives, autant les dispositions relatives à la base de données, aux heures de délégation, aux experts ou aux budgets ne suivent pas une telle méthode... Pourtant, certains thèmes s'y prêtaient aisément. Tel est le cas, par exemple, de la base de données : partant des articles L. 2312-21 et L. 2312-36 du Code du travail, les trois groupes se dessinent : dans le champ de l'ordre public, les thèmes obligatoires (tels que l'investissement social ou l'égalité professionnelle : V. C. *trav., art. L. 2312-21, al. 4)*[6] et le principe général selon lequel « *l'organisation, l'architecture, le contenu et les modalités de fonctionnement de la base de données sont tels qu'ils permettent au comité social et économique et, le cas échéant, aux délégués syndicaux d'exercer utilement leurs compétences* » *(C. trav., art. L. 2312-21, al. 6)* ; au chapitre champ de la négociation collective, l'on aurait pu y intégrer, en plus de l'objet de la négociation[7], les informations facultatives ; enfin, l'article L. 2312-36 du Code du travail constituerait à lui seul l'ensemble des dispositions supplétives. Certes, sous une architecture différente, l'on trouvera la même matière normative ; mais l'on peut se demander si le rédacteur du Code du travail ne joue pas, parfois, avec son lecteur.

(6) L'investissement social, l'investissement matériel et immatériel, l'égalité professionnelle entre les femmes et les hommes au sein de l'entreprise, les fonds propres, l'endettement, l'ensemble des éléments de la rémunération des salariés et dirigeants, les activités sociales et culturelles, la rémunération des financeurs, les flux financiers à destination de l'entreprise.
(7) L'organisation, l'architecture, le contenu et les modalités de fonctionnement de la base de données économiques et sociales.

7 – L'accord institutionnel. – Joue un second phénomène, plus ancien. Se déploie une figure originale de la négociation collective : la négociation institutionnelle, fonctionnelle ou structurelle. Peu importe les mots : les accords portent sur l'existence ou le fonctionnement des institutions représentatives du personnel. Les ordonnances du 22 septembre 2017 ne seraient finalement que l'aboutissement d'un phénomène qui creuse son sillon depuis plusieurs années : concernant la base de données avec la loi de sécurisation de l'emploi en 2013 ou la fusion des institutions en 2015 avec la loi Rebsamen, l'accord tenait déjà une place essentielle, les partenaires sociaux demeurant maîtres (partiellement) du sort de leurs institutions... Aujourd'hui, les ordonnances et leur loi de ratification subliment l'accord institutionnel.

8 – Aménagement des moyens. – L'essentiel des moyens du CSE subit l'emprise de l'accord collectif ; l'accord est susceptible de jouer à deux niveaux. D'abord, dans le prolongement des règles précédentes, l'accord collectif est une norme d'aménagement des moyens du CSE : l'accord fixe le régime des heures de délégation des représentants du personnel exerçant en forfait-jours *(C. trav., art. R. 2315-3 et R. 2315-4)* ; l'accord peut modifier les délais de remise par l'expert de son rapport *(C. trav., art. L. 2315-85)* ; l'accord fixe le montant de la subvention de fonctionnement que chaque CSE d'établissement devra reverser au comité central *(C. trav., art. L. 2315-62)*.

9 – Volume des moyens. – La puissance nouvelle de la norme conventionnelle s'observe surtout lorsque l'accord porte sur le volume des moyens du CSE. Ici réside la principale originalité du dispositif nouveau : si l'on pouvait croire, ilya peu de temps encore, que la matière de la représentation du personnel relevait dans sa grande majorité de l'ordre public, les ordonnances et la loi de ratification modifient sensiblement cette approche. Plusieurs exemples permettent de s'en convaincre :

– les heures de délégation constituent une expression typique de la philosophie de la fusion. L'accord est en mesure de réduire soit le nombre de représentants du personnel, soit le crédit d'heures accordé à chaque membre de la délégation du personnel, sous réserve que le volume global des heures de délégation ne soit pas réduit en deçà des seuils fixés par décret *(C. trav., art. L. 2314-7)*. Il y a dans cette démarche une logique de dépersonnalisation de la représentation du personnel ; ce sont moins les moyens de chacun des représentants qui importent que les moyens accordés à l'institution dans sa globalité ;

– toujours à propos des heures de délégation, il appartient à l'accord collectif de traiter des heures accordées à cette catégorie (assez) mystérieuse que constituent les représentants de proximité ; seule la norme conventionnelle est capable de leur attribuer un crédit d'heures dès lors que ces représentants sont choisis en dehors de la délégation du personnel au CSE. Si la circulaire questions/réponses se prononce très clairement en ce sens[8], elle ne dit mot en revanche en cas de silence de l'accord sur les moyens qui leur sont accordés ; il s'agit peut-être là d'un cas d'école, mais l'on perçoit difficilement comment exercer la mission de représentant de proximité sans que soit accordé un crédit d'heures ; il est fort probable que, dans une telle hypothèse, le nombre d'heures (et son maximum) devra être fixé par le juge[9] (dans l'attente d'un accord de révision) ;

– à propos des expertises, un accord collectif offre la faculté nouvelle de déterminer le nombre d'expertises dans le cadre des consultations récurrentes sur une ou plusieurs années *(C. trav., art. L. 2315-79)*. L'on peut avoir deux lectures de cette faculté. Totalement originale, elle permettrait de limiter le nombre d'expertises en réduisant leur cadence ; la lecture est audacieuse ; elle conduirait toutefois à admettre que des consultations récurrentes se tiennent tous les ans (par exemple sur les orientations stratégiques de l'entreprise) sans que le CSE dispose de la possibilité de désigner un expert à l'occasion de chaque consultation. Une seconde lecture donne davantage de cohérence au dispositif : la réduction du nombre de consultations n'est que la réplique de l'aménagement par accord collectif des consultations récurrentes *(C. trav., art. L. 2312-19)* ; l'accord donne ainsi la possibilité d'adapter la cadence des expertises à celle des consultations. Comme le suggère un auteur, l'on pourrait donner un sens supplémentaire à ce texte en offrant la possibilité aux partenaires sociaux de rendre des expertises communes à plusieurs consultations récurrentes[10]. Il ne fait pas de doute que le nombre d'expertises pourrait être un réel sujet de négociation, surtout si l'on met en regard ce thème avec celui du financement des exper-

(8) Comité social et économique – 100 questions-réponses, p. 22.

(9) *E. Jeansen, Les représentants de proximité, une représentation du personnel à dessiner : JCP S 2018, 1084.*

(10) *V. Piccoli, Le régime de l'expertise après les ordonnances du 22 septembre 2017 : JCP S 2017, 1354.*

tises; l'on perçoit d'emblée les tractations: moins d'expertises mais mieux financées;

– enfin, la détermination nouvelle du montant de la contribution aux activités sociales et culturelles est quasiment un triomphe de l'autonomie collective; pour s'en convaincre, il suffit de rappeler l'alinéa 1er de l'article L. 2312-81 : « *la contribution versée chaque année par l'employeur pour financer des institutions sociales du comité social et économique est fixée par accord d'entreprise* ». L'accord d'entreprise... triomphal.

B. – Nature de l'accord

10 – Pluralité. – La réforme a entendu donner à l'accord une place essentielle pour fixer ou aménager les moyens du CSE. Elle a prévu que des accords de différentes natures puissent décliner cette orientation. En effet, le caractère pluriel de cette conventionnalisation est frappant tant est grande la variété des types accords, ce en fonction notamment de la situation de l'entreprise et de la nature des dispositions dont l'aménagement est envisagé.

11 – Protocole d'accord préélectoral. – Le protocole d'accord préélectoral *(C. trav., art. L. 2314-1 et L. 2314-7)* peut lui-même contenir des dispositions intéressant les moyens du CSE en ce qui concerne le sujet fort important en pratique du volume des heures de délégation.

12 – L'accord d'entreprise « majoritaire ». – De même, un accord d'entreprise « majoritaire » *(C. trav., art. L. 2232-12, al. 1er)* peut contenir des dispositions qui apparaissent essentielles quant aux moyens dont peut disposer le CSE pour l'exercice de ses attributions. Il en est ainsi s'agissant de l'information due au CSE, de l'accord qui détermine l'organisation, l'architecture et le contenu de la BDES ainsi que les modalités de fonctionnement de cette base, notamment les droits d'accès et le niveau de sa mise en place dans les entreprises comportant des établissements distincts, son support, et ses modalités de consultation et d'utilisation *(C. trav., art. L. 2312-21)*.

13 – Accord d'entreprise de droit commun. – Un accord d'entreprise de droit commun peut comprendre nombre de dispositions relatives aux moyens du CSE. Elles concernent notamment le fonctionnement du CSE (dispositions plus favorables relatives aux heures de délégation, au déplacement et à la circulation, à l'affichage, à la formation, au local, aux budgets, etc.) *(C. trav., art. L. 2315-2)*, à l'information après chaque élection du CSE dans les entreprises d'au moins 50 salariés *(C. trav., art. L. 2312-57)*, aux heures de délégation des salariés en forfait jours *(C. trav., art. R. 2315-3 et R. 2315-4)*, à la contribution versée chaque année par l'employeur pour le financement des activités sociales et culturelles du CSE *(C. trav., art. L. 2312-81)*, dans les entreprises comportant plusieurs CSE d'établissement, à la répartition de la contribution entre les CSE d'établissement au *prorata* des effectifs des établissements ou de leur masse salariale ou de ces deux critères combinés *(C. trav., art. L. 2312-82)*, au temps passé aux réunions du CSE et de ses commissions (hors réunion de la CSSCT) *(C. trav., art. L. 2315-11 et R. 2315-7)*, au nombre d'expertises dans le cadre des consultations récurrentes prévues sur une ou plusieurs années *(C. trav., art. L. 2315-79)*, pour chaque catégorie d'expertise, au délai maximal dans lequel l'expert remet son rapport *(C. trav., art. L. 2315-85)*.

14 – L'accord conclu avec le CSE. – En l'absence d'accord d'entreprise, un accord conclu entre l'employeur et le CSE, adopté à la majorité des membres titulaires élus, détermine le nombre d'expertises dans le cadre des consultations récurrentes prévues sur une ou plusieurs années *(C. trav., art. L. 2315-79)*. De même, un tel accord, en l'absence également d'accord d'entreprise, peut fixer, pour chaque catégorie d'expertise, le délai maximal dans lequel l'expert remet son rapport *(C. trav., art. L. 2315-85)*.

15 – L'accord conclu avec le CSE en l'absence de délégués syndicaux. – Un accord sur les moyens de l'instance peut être conclu en l'absence d'accord d'entreprise et en l'absence de délégué syndical. À l'instar de ce que peut prévoir l'accord d'entreprise majoritaire, un accord entre l'employeur et le CSE peut notamment contenir les mêmes dispositions que celles rappelées plus haut s'agissant de la BDES *(C. trav., art. L. 2312-21)*.

16 – L'accord conclu entre le CSE central et les CSE d'établissement. – Un accord conclu entre le CSE central et les CSE d'établissement détermine le budget de fonctionnement du CSE central *(C. trav., art. L. 2315-62, al. 1)*. Si un accord d'entreprise majoritaire organise un transfert au CSE central de la gestion d'activités sociales et culturelles, ce transfert fait l'objet d'une convention entre les CSE d'établissement et le CSE central *(C. trav., art. L. 2316-23 et D. 2316-7)*.

17 – L'accord de groupe. – Un accord de groupe peut également prévoir des dispositions plus favorables relatives au fonctionnement (heures de délégation, déplacement et circulation, affichage, formation, local, réunions, commissions, budgets, etc.) *(C. trav., art. L. 2315-2)*.

De même, sans préjudice de l'obligation de mise en place d'une BDES au niveau de l'entreprise, une convention ou un accord de groupe peut prévoir la constitution d'une BDES au niveau du groupe, déterminant notamment les personnes ayant accès à cette base ainsi que les modalités d'accès, de consultation et d'utilisation de celle-ci *(C. trav., art. R. 2312-15)*.

18 – L'accord de branche. – Enfin un accord de branche peut également être conclu pour contenir des dispositions plus favorables relatives au fonctionnement (heures de délégation, déplacement et circulation, affichage, formation, local, réunions, commissions, budgets, etc.) ou aux pouvoirs du CSE *(C. trav., art. L. 2315-2)*, des dispositions relatives à la BDES dans les entreprises de moins de 300 salariés (sur l'organisation, l'architecture, le contenu et les modalités de fonctionnement de la BDES) *(C. trav., art. L. 2315-2)*, et au budget de fonctionnement du CSE central à défaut d'accord entre le CSE central et les CSE d'établissement *(C. trav., art. L. 2315-62, al. 1)*.

19 – Ainsi, le caractère pluriel de la conventionnalisation recherchée est frappant tant est grande la variété des accords. Si la lisibilité du dispositif n'est pas au rendez-vous, l'ambition est certaine : une pluralité d'acteurs pour le plus grand nombre d'accords. Mais dans ce cadre, de quelle liberté disposent les acteurs ?

C. – Liberté de l'accord

20 – Trois régimes. – Se pose la question sensible (mais déterminante) de la liberté accordée à l'accord, plus précisément aux parties à l'accord. Partant strictement des moyens du CSE, il est possible d'identifier trois régimes de libertés.

21 – Fausse liberté. – La fausse liberté est une liberté artificielle qui repose sur deux éléments : liberté car il n'est jamais interdit de négocier et conclure un accord collectif ; artificielle car la négociation ne peut avoir pour objet ou pour effet que d'améliorer les moyens des représentants du personnel. Le régime légal est constitutif d'un ordre public social auquel on ne peut déroger que suivant le principe de faveur. Il n'y a rien d'original dans cette démarche qui se loge (était-ce nécessaire de le préciser ?) parmi les dispositions générales et communes : « *les dispositions du (...) chapitre* [relatif au fonctionnement du CSE] *ne font pas obstacle aux dispositions plus favorables relatives au fonctionnement ou aux pouvoirs du comité social et économique résultant d'accords collectifs de travail ou d'usages* » *(C. trav., art. L. 2315-2)*. Dans ces conditions, la norme légale spéciale constitue à la fois une règle d'ordre public (minimum légal) et une disposition supplétive (jouant à défaut d'accord) ; tel est le cas, par exemple, de l'expertise lorsqu'un accord prévoit une prise en charge totale des honoraires de l'expert par l'entreprise dans une situation appelant normalement une répartition entre le CSE et l'entreprise ; c'est également le cas s'agissant du volume du crédit d'heures accordé à chacun des représentants du personnel ; dernier exemple, qui trouve d'ailleurs un relais dans la jurisprudence de la Cour de cassation[11], s'agissant de la masse salariale retenue pour le calcul des budgets du CSE.

22 – Semi-liberté. – La semi-liberté relève d'une autre logique ; une faculté de dérogation existe, mais elle ne peut être utilisée que sous contrôle de la loi, c'est-à-dire dans une direction fixée par la loi. À l'inverse de la situation précédente, le critère n'est pas celui du plus favorable ; l'accord collectif adapte la loi, suivant des règles prédéfinies. Un exemple est offert s'agissant de la répartition de la contribution des activités sociales et culturelles entre établissements ; si une négociation est possible, le législateur fixe les critères de répartition, celle-ci pouvant se faire au *prorata* des effectifs des établissements, de leur masse salariale ou des deux critères combinés *(C. trav., art. L. 2312-82)* ; il s'agit là de la reprise d'une règle retenue par la loi du 8 août 2016[12], corrigeant la position de la Cour de cassation dans l'arrêt Orange[13]; l'évolution est intéressante car le législateur de 2016 et celui de 2017 retiennent davantage l'idée d'une négociation d'adaptation que celle de la négociation d'amélioration retenue par le juge. La question de la répartition entre établissements semble aujourd'hui entendue. Pourtant l'on ne peut s'empêcher de penser que le thème de l'égalité aurait

(11) *Cass. soc., 7 févr. 2018, n° 16-16.086 et n° 16-24.231 : JCP S 2018, 1089, note A. Teissier.* – Et, pour une confirmation : *Cass. soc., 6 juin 2018, n° 17-11.497 : JurisData n° 2018-009602 ; JCP S 2018, act. 193.*

(12) *L. n° 2016-1088, 8 août 2016 : JO 9 août 2016.*

(13) *Cass. soc., 12 nov. 2015, n° 14-12.830 : JurisData n° 2015-025111 ; JCP S 2016, 1059, note B. Gauriau ; RJS 2016, n° 37 :* qui décide que « si, lorsqu'une entreprise est divisée en établissements dotés chacun d'un comité d'établissement, un accord collectif peut prévoir de répartir la contribution patronale aux activités sociales et culturelles selon les effectifs des établissements et non selon leur masse salariale, cette répartition ne peut priver un comité d'établissement de la contribution calculée sur la masse salariale pour la fraction de la contribution correspondant au minimum calculé selon l'article L. 2323-86 du Code du travail ».

permis de régler sans texte cette situation : la différence de traitement entre établissements pourrait reposer sur des raisons objectives et pertinentes que la signature d'un accord aurait permis de présumer ; après tout, les partenaires sociaux pourraient constater par accord collectif la nécessité de délaisser la solidarité entre établissements pour adapter le montant de la contribution aux particularités de l'établissement (la localisation, les spécificités de l'activité...).

23 – Vraie liberté.– Un dernier régime de liberté est constitué de la liberté sans condition et sans principe de faveur. Un texte, plus exactement l'évolution d'un texte *(C. trav., art. L. 2312-81)*, traduit la liberté nouvelle. Trois temps dans cette mutation :

– l'ancien droit, retenu à propos du comité d'entreprise, un accord fixant le montant de la contribution ASC pouvait déroger à la loi sous réserve d'être plus favorable ;

– le droit éphémère, c'est-à-dire celui issu de l'ordonnance n° 2017-1386 du 22 septembre 2017, dont la rédaction laissait entendre que la contribution pouvait être librement fixée par accord collectif, sous réserve de respecter le minimum en rapport de l'année de référence ; la réserve pouvait être de nature à brider considérablement la liberté des négociateurs ;

– le nouveau droit issu de la loi de ratification du 29 mars 2018[14] : les chaînes sont rompues, une confiance totale est accordée aux partenaires sociaux, libres de déterminer sans contrainte le montant de la contribution indépendamment de la masse salariale *(C. trav., art. L. 2312-81)*.

II. – Les moyens hors contrat

24 – Devise. – En dehors de la norme collective, si l'on voulait très brièvement résumer le sens des textes nouveaux à propos des moyens, l'on pourrait s'appuyer sur une devise : sécurité (A), flexibilité (B) et responsabilité (C).

A. – Sécurité

25 – Continuité ? – La réforme n'a pas fondamentalement remis en cause les principes qui étaient applicables au comité d'entreprise s'agissant du régime

(14) *L. n° 2018-217, 29 mars 2018 : JO 31 mars 2018.*

de ses ressources financières. Elle n'a pas non plus procédé, en apparence pour le moins, au bouleversement qu'aurait pu appeler le profond changement que constitue la fusion des institutions représentatives du personnel. En effet, et pour l'essentiel, il apparaît de l'examen des dispositions nouvelles, d'une part que le principe de dualité des budgets est maintenu, d'autre part que le taux légal de la subvention de fonctionnement (0,2 % de la masse salariale) n'évolue que de façon marginale pour être porté à 0,22 %, pour les seuls CSE constitués dans les entreprises dont l'effectif atteint 2 000 salariés.

26 – Évolution ? – Pour autant, la réforme comporte plusieurs dispositions dont la portée est réelle et concrète pour les entreprises. Elles tendent à apporter une sécurisation au droit applicable à la détermination des ressources du CSE. La sécurisation trouve son expression dans et hors le contrat et concerne tant le principe de détermination du montant des ressources que l'assiette de son calcul.

S'agissant de la détermination des ressources, la sécurisation résulte en premier lieu du nouveau régime de fixation par la voie conventionnelle du montant de la contribution aux activités sociales et culturelles, lequel est désormais affranchi de toute contrainte légale. L'accord concourt à la sécurisation car fixe le droit au niveau le plus adapté. Même en l'absence d'accord, l'ambition de sécurisation trouve une expression très concrète.

27 – Simplification. – La loi de ratification a retenu un dispositif beaucoup plus simple que celui régissant antérieurement la détermination des ressources du comité d'entreprise, et même que celui initialement prévu par l'ordonnance n° 2017-1386 du 22 septembre 2017.

À défaut d'accord sur le montant de la contribution patronale au financement des activités sociales et culturelles « le rapport de cette contribution à la masse salariale brute ne peut être inférieur au même rapport existant pour l'année précédente ». L'objectif de sécurisation est certain car le nouveau dispositif abandonne le régime antérieur caractérisé par des règles complexes dont l'application supposait notamment de prendre en compte les sommes affectées aux dépenses de l'entreprise au cours des 3 années qui précédaient la prise en charges des activités sociales et culturelles par le comité, et au cours de la vie du comité d'entreprise de prendre en compte un minimum en rapport à caractère « glissant ». Il apparaît ainsi avec évidence que le nouveau régime procède à une simplification bienvenue des règles légales relatives à la détermination de la contribution patronale au financement des activités sociales et culturelles en l'absence d'accord, abandonnant un régime archaïque, peu équitable, inutilement complexe et source de contentieux.

28 – Sécurisation hors le contrat : la subvention de fonctionnement. – La sécurisation attendue se trouve également caractérisée par les modalités applicables à la détermination du montant de la subvention de fonctionnement du CSE. La loi impose à l'employeur d'allouer au CSE, dans les entreprises employant au moins 50 salariés, une subvention de fonctionnement destinée à couvrir les dépenses du comité s'inscrivant dans le cadre de ses attributions économiques et professionnelles. Elle a repris le régime applicable à la subvention de fonctionnement du comité d'entreprise mais y a apporté plusieurs modifications parmi lesquelles l'une est essentielle à l'aune de l'impératif de sécurité juridique : elle concerne la définition de la masse salariale qui constitue son assiette de calcul. La masse salariale brute servant d'assiette de calcul de la subvention de fonctionnement du comité d'entreprise n'avait pas été définie par la loi et avait donné lieu à une abondante jurisprudence. Cette jurisprudence de la chambre sociale de la Cour de cassation avait engendré de très sérieuses critiques et une vive résistance de certaines cours d'appel. Il n'est plus nécessaire de revenir de façon inutilement longue sur cette jurisprudence initiée par l'arrêt du 30 mars 2011[15] retenant la référence au « compte 641 ». Selon la Cour de cassation « sauf engagement plus favorable, la masse salariale servant au calcul de la contribution patronale aux activités sociales et culturelles s'entend de la masse brute comptable correspondant au compte 641 "rémunération du personnel" tel que défini dans le plan comptable général ». Cette jurisprudence avait suscité de multiples réactions. Il avait été soutenu que la référence au compte 641 ne procédait d'aucun fondement de droit établi, qu'elle était inapte à permettre une définition pertinente de l'assiette de calcul et qu'elle était source d'une profonde insécurité juridique[16]. L'ordonnance n° 2017-1386 met fin aux errements jurisprudentiels en donnant une définition de l'assiette de calcul des ressources du CSE.

29 – Définition de l'assiette de calcul. – La masse salariale brute servant d'assiette de calcul est désormais constituée par l'ensemble des gains et rému-

(15) *Cass. soc., 30 mars 2011, n° 10-30.080 et n° 09-71.438.*
(16) *L. Marquet de Vasselot et A. Martinon, Les comptes du comité d'entreprise : JCP S 2015, 1168.*

nérations soumis à cotisations de sécurité sociale en application des dispositions de l'article L. 242-1 du Code de la sécurité sociale à l'exception des indemnités versées à l'occasion de la rupture du contrat de travail à durée indéterminée. Il est heureux que les dispositions initialement prévues par l'ordonnance quant aux sommes effectivement distribuées aux salariés lors de l'année de référence en application d'un accord d'intéressement ou de participation, et visant à leur inclusion dans l'assiette de calcul, aient été supprimées par la loi de ratification. Rappelons que la jurisprudence avait ultérieurement évolué pour « aménager » le principe de la référence à la norme comptable par une succession d'arrêts aux termes desquels les dispositions du compte 641 faisaient l'objet d'un retraitement pour les besoins de l'exacte détermination des rémunérations, avantages ou indemnités devant, selon le juge, entrer dans l'assiette de calcul. La chambre sociale de la Cour de cassation a fini par admettre le caractère inadapté de la référence au compte 641 pour finalement l'abandonner par deux arrêts du 7 février 2018[17], donc postérieurs à l'ordonnance, et retenir comme assiette « l'ensemble des gains et rémunérations soumis à cotisations de sécurité sociale en application de l'article L. 242-1 du code de la sécurité sociale ». La situation née de ce nouvel état du droit appelle à présenter des observations et formuler des préconisations. La jurisprudence s'applique par principe aux situations passées, sauf lorsque le juge a déterminé les effets attachés à un revirement[18].

Au cas particulier, la Cour n'y a pas procédé de telle sorte que deux questions se trouvent posées.

30 – Restitution ? – La première est celle d'un versement indu au comité d'entreprise par détermination d'une assiette de calcul par référence au compte 641 et non à l'article L. 242-1 du Code de la sécurité sociale. Ce versement indu peut poser la question d'une restitution sauf évidemment si la détermination de l'assiette procédait d'un accord ou d'un engagement unilatéral. Il est évident que dans nombre de circonstances la détermination de l'assiette de

(17) *Cass. soc., 7 févr. 2018, n° 16-24.231 : JurisData n° 2018-001128 ; JCP S 2018, 1089, note A. Teisser. – Cass. soc., 7 févr. 2018, n° 16-16.086 : JurisData n° 2018-001129 ; JCP S 2018, 1089, note A. Teisser.* – Pour une confirmation, V. *Cass. soc., 6 juin 2018, n° 17-11.497 : JurisData n° 2018-009602 ; JCP S 2018, act. 193.*
(18) *Cass. 1re civ., 6 avr. 2016, n° 15-10.552 : JurisData n° 2016-006128.*

calcul de la subvention de fonctionnement ne résulte pas d'un engagement unilatéral de l'employeur mais de la simple contrainte tenant pour lui à l'application d'une jurisprudence dont il a plus souvent critiqué la pertinence.

31 – Opportunité d'un accord ? – La seconde question, même en l'absence de restitution de sommes indûment versées, est celle de la conséquence d'un « trop versé » pour l'application du minimum légal de la contribution patronale au regard de la nouvelle garantie issue de l'ordonnance : « *le rapport de cette contribution à la masse salariale brute ne peut être inférieur au même rapport existant pour l'année précédente* » dispose le nouveau texte (*C. trav., art. L. 2312-81*). Il est certain qu'en l'absence de restitution ou d'accord portant sur le montant ou le calcul de la contribution, le calcul antérieurement réalisé par référence au compte 641 expose l'entreprise à un versement excédant ce que le droit issu du revirement de jurisprudence et de la loi nouvelle exige. C'est dire que la recherche d'un accord prenant en compte l'évolution du droit quant à l'assiette de calcul doit, restitution ou non, être privilégiée.

Cependant, la sécurisation des moyens trouve singulièrement sa place dans l'évolution du régime des expertises.

L'accord, toujours...

32 – Sécurisation hors contrat : le régime des expertises. – La question du droit à expertise est évidemment fondamentale lorsque l'on s'intéresse aux moyens accordés à une institution représentative du personnel pour la réalisation de ses missions. La compréhension de l'information reçue par les élus, l'étude des projets dont ils sont saisis, l'intelligence des situations devenues toujours plus complexes dans l'entreprise et dont ils doivent faire preuve, justifient de façon certaine l'existence d'un droit effectif à expertise. Pour autant, le régime de l'expertise applicable au comité d'entreprise et au CHSCT avait révélé des difficultés réelles, de nature et d'importance diverses, dans l'exercice du droit à expertise.

33 – Réguler les expertises ? – La réforme qu'appelait un tel constat a été guidée par une orientation exprimée dans le rapport au Président de la République relatif à l'ordonnance n° 2017-1386 du 22 septembre 2017 : « Les expertises seront régulées sans porter atteinte au droit à expertise ». Il faut comprendre cette orientation comme procédant d'une part de l'évolution même du droit à expertise ouvert aux institutions représentatives, d'autre part des dérives, voire des abus constatés dans l'exercice de ce droit, et enfin des contentieux qui, de façon récurrente, ont émaillé les expertises diligentées par le comité d'entreprise et plus encore par le CHSCT. Le législateur a sa part de responsabilité dans l'évolution ainsi caractérisée tant il a – sans la mesure ni le discernement utiles – multiplié les cas de recours à expertise. Était-il nécessaire – voire simplement opportun – que sur une période de temps récente, et relativement brève, soit de juin 2013 à août 2015, le législateur crée huit nouveaux cas de recours à expertise ? La raison commande une réponse négative. Force est donc d'admettre que si l'expertise doit constituer un droit, et un droit effectif, le besoin d'une adaptation de ce régime dans le cadre de la création du CSE se trouvait pleinement justifié. Cette orientation s'est traduite par une réforme promouvant un droit à expertise plus maîtrisé, mieux encadré et réellement contrôlé. Les éléments essentiels apparaissent à cet égard être les suivants.

34 – Clarification. – La réforme laisse globalement inchangés les cas de recours et aménage les conditions du droit à expertise. Les cas de recours à expertise tels qu'antérieurement ouverts au comité d'entreprise et au CHSCT apparaissent globalement inchangés. Leur régime est cependant aménagé pour laisser place à trois catégories d'experts : l'expert-comptable, l'expert habilité et l'expert technique, dont les qualités sont expressément précisées pour chaque domaine concerné. Par ailleurs, les conditions du droit à expertise font l'objet de quelques adaptations. La négociation portant sur l'égalité professionnelle donne désormais lieu pour le CSE au droit sans condition de faire appel à un expert technique de son choix en vue de la préparer, alors qu'un accord des élus était antérieurement nécessaire pour y recourir. L'existence d'un risque grave permet le recours à un expert, à la condition, précise nouvellement la loi, que ce risque grave soit « *identifié et actuel* ». La réforme n'a pas seulement redéfini les conditions du recours à expertise et de leur financement. Elle a également aménagé certaines modalités de réalisation des expertises. La réforme a érigé une forme de « cadencement » très précis du déroulement de la mission, s'agissant de la communication des informations et des délais de réalisation de l'expertise. La régulation de l'expertise passe ainsi par un déroulement organisé de la mission. Elle passe aussi et surtout par un contrôle judiciaire nouvellement réglementé.

35 – Contrôle judiciaire. – L'objectif est simple : mettre en œuvre un contrôle judiciaire permettant de sécuriser l'ensemble des acteurs au moyen d'un dispositif clair, intelligible, rapide dans sa mise en œuvre et évitant la réalisation d'une expertise qui serait ultérieurement annulée, et des difficultés conséquentes quant à la prise en charge des honoraires de la mission. L'employeur qui entend contester la nécessité de l'expertise, le choix de l'expert, le coût prévisionnel, l'étendue ou la durée de l'expertise, et *in fine* le coût final de l'expertise, doit saisir le président du tribunal de grande instance dans un délai de 10 jours. Cette saisine suspend l'exécution de la décision du CSE ainsi que les délais dans lesquels il est consulté, ce jusqu'à la notification du jugement. Le juge statue dans les 10 jours suivant sa saisine par une décision sur le fond, revêtue de l'autorité de la chose jugée, qui a pour effet de suspendre la décision du CSE et donc l'exercice de sa mission par l'expert.

En cas d'annulation définitive par le juge de la délibération du CSE, par une décision qui ne peut être contestée que par la voie d'un recours en cassation, les sommes perçues par l'expert sont remboursées par ce dernier à l'employeur. Précisons que le CSE pourra à tout moment décider de les prendre en charge.

L'ensemble de ces dispositions sont bienvenues ; elles visent à un objectif de sécurisation en clarifiant les droits à expertise du CSE, en déterminant les conditions favorisant le bon déroulement des expertises et en précisant les conditions nouvelles d'un recours effectif et utile en justice lorsque la situation le justifie.

Sécurité donc, mais aussi flexibilité.

B. – Flexibilité

36 – Nouveau monde. – Le passage au « nouveau monde » se traduit assurément par quelques éléments de flexibilité au profit des moyens du CSE. Le temps et l'argent sont spécialement affectés ; l'ordonnance desserre quelques verrous séculaires.

37 – Transfert des heures. – S'agissant des heures de délégation, le législateur de 2017 entérine l'expérience introduite en 2015 à propos de la délégation unique du personnel et de l'instance fusionnée. Le lien n'est d'ailleurs pas un hasard : dans les deux cas, la fusion des institutions se traduit par un volume de missions plus important exercées par les mêmes personnes, de sorte qu'il n'est pas illogique d'assortir cette évolution d'éléments de souplesse dans la gestion des heures de délégation. La faculté est d'autant plus légitime que, par le jeu d'un accord, des titulaires moins nombreux peuvent bénéficier de plus d'heures de délégation.

L'on retrouve ainsi la mutualisation permettant, dans une certaine limite ou sous réserve d'en informer l'employeur *(C. trav., art. R. 2315-6)*, la faculté de répartir entre titulaires et avec les membres suppléants le crédit d'heures ; la circulaire questions/ réponses va au-delà, envisageant un transfert des heures du titulaire au profit du représentant de proximité. Comme en 2015, l'on reconnaît aussi l'annualisation des heures de délégation puisque le crédit d'heures peut être utilisé cumulativement dans la limite de 12 mois (faculté assortie du même plafond et de la même condition de forme que ceux évoqués précédemment *(C. trav., art. R. 2315-5))*.

38 – Transfert des fonds. – Saute un second verrou : celui de l'étanchéité des budgets. Il faut dire que la tentation de la « transférabilité » des budgets résonne depuis plusieurs années. Ce fut d'abord un vœu initié avec le rapport de Virville en 2004[19], réitéré en 2007[20], en 2009[21] et en 2010[22]... L'obstination paye aujourd'hui à l'occasion de la fusion.

La « transférabilité » est à double sens. Par une délibération, en cas de reliquat budgétaire, les membres de la délégation du personnel peuvent décider de transférer tout ou partie du montant de l'excédent annuel du budget destiné aux activités sociales et culturelles au budget de fonctionnement *(C. trav., art. L. 2312-84)* ; il est permis de s'étonner des mesures d'application qui limitent à 10 % de l'excédent le montant du transfert *(C. trav., art. R. 2312-51)* ; on voit ici une contradiction entre la règle légale qui autorise, notamment, le transfert de la totalité du montant, et celle réglementaire qui limite à 10 %... sauf à considérer que la plume du législateur a ripé et que la limite de 10 % s'adresse non à l'excédent mais au budget ; le CSE pourrait transférer la totalité de l'excédent dans la limite de 10 % du budget ; cela aurait du sens.

Le transfert joue aussi dans l'autre sens puisque le CSE peut décider de transférer une partie (ici seulement une partie) de l'excédent annuel au profit du budget des activités sociales et culturelles *(C. trav., art. L. 2315-61)*.

(19) *Rapp. de la Commission de Virville « Pour un Code du travail plus efficace » : Doc. Fr., rapp. officiels, févr. 2004.*

(20) *Rép. Min. : JO AN, 30 oct. 2007.*

(21) *Rép. Min. : JO Sénat, 15 oct. 2009, p. 2430.*

(22) *Rép. Min. : JO AN, 2 févr. 2010, p. 1203 ; 2 mars 2010, p. 2497.*

C. – Responsabilité

39 – Les précédents. – L'idée de responsabiliser l'instance de représentation du personnel n'est pas en soi un phénomène nouveau ; pour reprendre ce seul exemple, on se souvient que la loi du 5 mars 2014[23] et le décret n° 2015-357 du 27 mars 2015 avaient eu pour ambition d'assurer la transparence des comptes du comité d'entreprise. Une même ambition se poursuit aujourd'hui sous une forme différente, le législateur privilégiant un renouvellement des règles de financement des expertises.

40 – Cofinancement. – On remarquera que la volonté de réguler le « marché des expertises » pouvait suivre plusieurs pistes. Une première, intéressante, figurait dans la loi d'habilitation ; il était proposé de soumettre le recours aux expertises à la sollicitation obligatoire de devis auprès de plusieurs prestataires[24]. Dans la version « ordonnance », cette voie a finalement été abandonnée au profit d'une autorégulation par le CSE du recours aux expertises par une extension de la règle du cofinancement des expertises. Le principe quasi général de la prise en charge intégrale par l'employeur du financement des expertises est abandonné ; la règle du cofinancement (80 % à la charge de l'entreprise, le reste pesant sur le CSE) s'applique désormais à une part substantielle d'expertises légales *(C. trav., art. L. 2315-80)* et concerne donc une grande partie des missions d'expertise et d'assistance à la négociation. Cette règle repose clairement sur la volonté de responsabiliser les acteurs, le CSE étant invité à gérer ses expertises et son budget en « bon père de famille ». Elle est, de façon implicite mais certaine, une réponse aux diverses formes de pathologie de l'expertise que les observateurs des relations sociales ont constatées sur le terrain.

41 – Risques. – Certes, le cofinancement a été critiqué par certains auteurs comme pouvant conduire à une restriction, voire une remise en cause du droit à expertise, singulièrement dans les entreprises de petite taille dont le budget de fonctionnement est faible ; la régulation attendue des expertises ne doit certes pas avoir pour effet d'empêcher le recours à l'expertise. Cela ne serait pas acceptable alors que certaines expertises qui peuvent être cruciales, telle celle

(23) *L. n° 2014-288, 5 mars 2014 : JO 6 mars 2014.*
(24) *L. n° 2017-1340, 15 sept. 2017, art. 2 : JO 16 sept. 2017.*

relative à un projet important modifiant les conditions de santé et de sécurité ou les conditions de travail, doivent maintenant être cofinancées.

42 – Prise en charge intégrale... si. – La loi comprend des dispositions visant à sauvegarder le droit à expertise en cas d'insuffisance de ressources du CSE. La loi de sécurisation de l'emploi en 2013[25], à propos de l'expertise « orientations stratégiques », avait envisagé une solution que l'on aurait pu transposer au CSE, la prise en charge de l'expertise par le comité ne pouvant se faire que dans la limite d'un tiers du budget de fonctionnement *(C. trav., art. L. 2323-10, ancien)*. Le législateur ne semble pas avoir été convaincu par l'expérience. La règle est désormais constituée d'un principe assorti d'une réserve : le principe est celui de la prise en charge intégrale de l'expertise lorsque le budget de fonctionnement du CSE est insuffisant pour couvrir le coût ; la réserve concerne les CSE « cigales » qui auraient vidé le budget en transférant l'excédent annuel du budget de fonctionnement au profit de celui destiné aux activités sociales et culturelles au cours des 3 années précédentes *(C. trav., art. L. 2315-80)*. Par ces dispositions, la loi fait des élus un acteur responsable de ses décisions relatives à l'usage de ses budgets, aux transferts qu'il peut opérer entre eux et aux conséquences attachées à ces décisions de transfert.

43 – Une ambition forte et plurielle. – Pour conclure, l'ambition de la réforme, s'agissant des moyens à attribuer au CSE, était forte et plurielle : donner à la nouvelle institution représentative du personnel les moyens adaptés à l'exercice de ses missions, gage de la qualité du dialogue social, sécuriser le régime applicable pour éviter que des contentieux parfaitement stériles, tel celui relatif au calcul de ses ressources, ne surviennent à nouveau, enfin et surtout responsabiliser les acteurs. C'est sur ce dernier point que le pari est ambitieux. La réforme donne une place majeure aux partenaires du dialogue social dans le cadre des accords qu'ils ont à conclure et des ressources humaines et financières qui doivent être affectées au dialogue. En un mot, c'est le pari de l'intelligence des situations et du bon usage de la liberté que la loi donne aux acteurs, qui doit être fait. Puissent le CSE et les organisations syndicales être les acteurs du changement que la réforme appelle.

(25) *L. n° 2013-501, 14 juin 2013 : JO 16 juin 2013.*

MOTS-CLÉS : Comité social et économique – Moyens – Heures de délégation – Expertises – Budgets

TEXTES : Ord. n° 2017-1386, 22 sept. 2017

JURISCLASSEUR : Travail Traité, fasc. 14-2, par Jean-Yves Kerbourc'h

AUTRES PUBLICATIONS LEXISNEXIS : Fiche pratique n° 4227 : faire fonctionner le CSE, par Aliénor Chalot-Vanoli

LES TRANSFORMATIONS DU COMITÉ SOCIAL ET ÉCONOMIQUE[1]

Gilles Auzero,

professeur à l'université de Bordeaux,
centre de droit comparé du travail et de la sécurité sociale
(Comptrasec – UMR 5114)

1 – Évoquer les transformations du comité social et économique aurait sans doute quelque chose de saugrenu si la loi elle-même n'autorisait pas une telle transformation en permettant de muer le comité en conseil d'entreprise. Là résiderait l'éventualité d'une transformation du comité social et économique. Mais, dans la mesure où la présente contribution invite à réfléchir à une pluralité de transformations, il se pourrait donc qu'il en existe d'autres.

2 – On songe à la faculté qu'auraient les partenaires sociaux, en concluant un accord majoritaire, de revenir au *statu quo ante*, en rétablissant des délégués du personnel, un comité d'entreprise et un comité d'hygiène, de sécurité et des conditions de travail. La transformation serait ici radicale, à tel point que l'on peut se demander si le terme est encore approprié. Elle pourrait s'autoriser des dispositions des articles L. 2312-4 et L. 2315-2 du Code du travail qui envisagent, pour le premier, les dispositions plus favorables relatives aux attributions du comité social et économique résultant d'accords collectifs de travail ou d'usages et, pour le second, les dispositions plus favorables relatives au fonctionnement ou aux pouvoirs de ce même comité. Ce serait certainement solliciter à l'excès ces textes que d'en inférer qu'ils autorisent,

(1) Ndlr : cette étude est issue de l'intervention de l'auteur au colloque organisé le 1er juin 2018, sous la présidence de Pierre-André Imbert et Laurence Pécaut-Rivolier, par le Laboratoire de droit social de l'université Panthéon-Assas (Paris II), sur le thème « Le comité social et économique ».

en tout ou partie, le rétablissement des institutions représentatives du personnel antérieures[2]. À s'en tenir à leur lettre même, ils ne permettent pas de donner une autre forme au comité social et économique mais, plus simplement, tout en lui conservant son aspect, de lui apporter des changements « internes ». En outre, à supposer qu'il puisse en aller différemment, il conviendrait encore de s'accorder sur le fait qu'un retour au *statu quo ante* est plus favorable. Rien n'est moins sûr, étant simplement observé que la fusion des instances a été présentée comme le moyen de « rendre le dialogue social plus efficace dans l'entreprise et représenter de manière adéquate la collectivité de travail, de mieux articuler consultation et négociation, de donner les moyens pour que la stratégie de l'entreprise soit mise en œuvre avec l'ensemble des parties prenantes »[3].

3 – Plus fondamentalement, il faut se souvenir, et le Conseil constitutionnel l'a encore rappelé dans sa décision du 7 septembre 2017 relative à la loi d'habilitation à prendre par ordonnances les mesures pour le renforcement du dialogue social, que la représentation du personnel relève des principes fondamentaux du droit du travail visés par l'article 34 de la Constitution et que, de ce fait, « il appartient au législateur de déterminer, dans le respect des sixième et huitième alinéas du Préambule de la Constitution de 1946, les modalités de la représentation des salariés au sein des entreprises »[4]. En conséquence, on ne voit pas comment la détermination de l'architecture de la représentation du personnel dans l'entreprise pourrait être laissée aux pouvoirs des partenaires sociaux.

(2) V. aussi en ce sens, *G. Borenfreund, La fusion des institutions représentatives du personnel. Appauvrissement et confusion dans la représentation : RDT 2017, p. 608, spéc. p. 613.*

(3) Exposé des motifs du projet de loi d'habilitation à prendre par ordonnances les mesures pour le renforcement du dialogue social.

(4) *Cons. const., 7 sept. 2017, n° 2017-751 DC, pt 26.* – Ce qui n'interdit pas au législateur de permettre, de manière expresse, aux partenaires sociaux d'intervenir en la matière, ainsi que l'a démontré la loi Rebsamen du 17 août 2015. Il a toutefois pu être relevé, non sans raison, que ce texte sollicitait peut-être à l'extrême la faculté ouverte au législateur par le Conseil constitutionnel lui-même de confier à l'autonomie collective « le soin de préciser les modalités concrètes d'application des normes qu'il édicte » : *G. Borenfreund, art. préc., p. 611*, qui fait référence à la décision n° 2004-494 DC du Conseil constitutionnel en date du 29 avril 2004.

Enfin, et pour achever de se convaincre que le retour vers le passé est exclu, il convient de rappeler qu'en application de l'article 9, VII de l'ordonnance n° 2017-1386 du 22 septembre 2017[5], les stipulations des accords collectifs relatives aux délégués du personnel, au comité d'entreprise, au comité d'hygiène, de sécurité et des conditions de travail, au regroupement par accord des institutions représentatives du personnel, cessent de produire effet à compter de la date du premier tour des élections des membres de la délégation du personnel du comité social et économique.

4 – Cette voie étant fermée, il faut donc se résoudre à admettre qu'en fait de transformations du comité social et économique[6], doit principalement, sinon exclusivement, être abordée la possibilité de constituer un conseil d'entreprise[7]. Dix articles du Code du travail sont consacrés à cette instance. C'est peu, rapporté aux bouleversements dont elle est porteuse[8]. Il suffit, à cet égard, de rappeler que la loi permet à un accord d'entreprise majoritaire ou à un accord de branche étendu de confier au comité social et économique le pouvoir de négocier, conclure et réviser les conventions et accords d'entreprise ou d'établissement, le muant ainsi en conseil d'entreprise. C'est déjà beaucoup puisqu'il ne s'agit pas ici d'ouvrir un nouveau cas de négociation dérogatoire en l'absence de délégué syndical mais de permettre à une institution élue de négocier en lieu et place de celui-ci, sans aucunement entraîner sa disparition. Mais ce n'est pas tout puisque l'acte juridique fondateur doit, dans le même temps, donner

(5) Tel que modifié par la *L. n° 2018-217, 29 mars 2018.*
(6) La faculté d'adjoindre au comité social et économique des représentants de proximité, dont on ne saurait véritablement dire qu'ils le transforment, ne sera pas ici abordée (V. *E. Jeansen, Les représentants de proximité, une représentation du personnel à dessiner : JCP S 2018, 1084*). Pour la même raison, ne seront pas plus abordées toutes les possibilités de modifier conventionnellement les attributions, les pouvoirs et le fonctionnement du comité, largement ouvertes pas le Code du travail, que ce soit dans le sens de l'amélioration ou de la dérogation.
(7) V. *B. Teyssié, Le conseil d'entreprise : JCP S 2018, 1011. – Ph. Rogez et L. Goasdoue, En questions : le conseil d'entreprise : un vœux pieux ? : JCP S 2017, act. 312. – S. Niel, Pourquoi négocier un conseil d'entreprise ? : SSL 2017, n° 1785, p. 6. – P. Rémy, Le conseil d'entreprise : un premier pas vers le conseil d'établissement allemand ? : Dr soc. 2017, p. 1050.* – Adde, *G. Borenfreund, art. préc. – J.-Y. Kerbourc'h, La refonte des institutions représentatives du personnel : JCP S 2017, 1313. – G. Loiseau, Le comité social et économique : Dr soc. 2017, p. 1044.*
(8) Bouleversements parfaitement mis en lumière par *G. Borenfreund et B. Teyssié, art. préc.*

au comité devenu conseil un pouvoir de codécision. Telle est la voie (modeste) qu'a choisi d'emprunter le législateur pour instituer une forme de codécision, renonçant par là même « au défi de (re)penser, donc d'appréhender, la dialectique du capital et du travail »[9]. On conçoit aussi que réside là l'incitation majeure faite aux délégués syndicaux de signer un texte les dépossédant de l'une de leurs prérogatives essentielles. Mais c'est alors l'employeur qui rechignera certainement à ce que ses prérogatives soient trop largement partagées. Autant dire que le conseil d'entreprise ne devrait pas connaître un succès foudroyant[10].

5 – Cela étant, et sans envisager tous les aspects techniques du dispositif nouveau, d'ores et déjà amplement étudiés par ailleurs[11], nous souhaiterions, en reprenant une *summa divisio* consacrée par la loi elle-même, envisager les transformations du comité social et économique dans les entreprises de moins de cinquante salariés (1) et dans les entreprises occupant au moins cinquante salariés (2).

I. – Les transformations du comité social et économique dans les entreprises de moins de cinquante salariés

6 – Si les entreprises occupant moins de cinquante salariés ont vocation à accueillir un comité social et économique, dont on sait qu'il doit être constitué dès lors qu'elles en emploient au moins onze, il n'est pas acquis qu'il puisse être alors transformé en conseil d'entreprise. L'interrogation première concerne donc la possibilité de la transformation (A). Mais à supposer que celle-ci soit admise, elle fait ensuite surgir un important écueil (B).

(9) *F. Géa, Les soubassements de la réforme : RDT 2017, p. 593, spéc. p. 605*. Cette « dialectique » pourrait trouver quelques traductions nouvelles dans la loi mettant en œuvre le plan d'action pour la croissance et la transformation des entreprises (PACTE).
(10) V. en ce sens, B. Teyssié, qui relève justement que « ceux qui conçurent ce dispositif attendent-ils plus que quelques applications, simple banc d'essai avant que ne soient franchies d'autres étapes, peut-être moins largement abandonnées au jeu du contrat ? » *(art. préc., § 25)*.
(11) V. les articles cités en note 6.

A. – La possibilité d'une transformation

7 – La doctrine est partagée quant à la question de savoir si un conseil d'entreprise peut être installé dans les entreprises de moins de cinquante salariés[12]. Ainsi que le souligne un auteur, « ce seuil s'impose eu égard à la logique d'une opération qui vise à transférer à l'instance élue de représentation du personnel l'essentiel de la fonction des délégués syndicaux, donc d'acteurs du jeu social dont la présence suppose que soit réuni l'effectif précédent »[13]. Au soutien de la position inverse il a pu être relevé, d'une part, que la loi ne précise pas l'effectif de l'entreprise au sein de laquelle peut être mis en place un conseil d'entreprise et, d'autre part, que les attributions du conseil d'entreprise et ses modalités de fonctionnement « étant calquées sur celles du CSE, quelle que soit la taille de l'entreprise, il doit pouvoir être mis en place y compris dans les entreprises de moins de 50 salariés, à partir de 11 salariés »[14].

8 – Il est vrai que les dispositions de l'article L. 2321-2 permettent qu'un conseil d'entreprise soit constitué *« par accord de branche étendu pour les entreprises dépourvues de délégué syndical »*, sans distinction d'effectif. Mais venant après le renvoi à un accord d'entreprise majoritaire, cette proposition pourrait ne concerner que les entreprises d'au moins cinquante salariés qui, dépourvues, de tout délégué syndical, ne sont pas en mesure de négocier et conclure un tel accord. À l'évidence, les textes ne permettent pas d'apporter une réponse tranchée à la question qui nous occupe ici. En s'en écartant quelque peu, il pourrait être argué qu'il n'y a pas grand intérêt à donner le pouvoir de négocier et conclure des accords collectifs au comité social et économique mis en place dans les entreprises de moins de cinquante salariés puisque la négociation peut s'y dérouler selon les formes dérogatoires évoquées aux articles L. 2232-21 et suivants du Code du travail. Mais outre que cette négociation est aussi ouverte dans les entreprises d'au moins cinquante salariés dépourvues de délégué syndical *(C. trav., art. L. 2232-24 et s.)*, ces dispositifs dérogatoires ne supposent aucunement que le droit de négocier s'accompagne

(12) Pour la négative, V. *B. Teyssié, art. préc., § 3. – G. Borenfreund, art. préc., p. 623.* – Pour l'affirmative, V. *P. Rémy, art. préc., p. 1051.*
(13) *B. Teyssié, préc.*
(14) *P. Rémy, préc.*

d'un partage du pouvoir de décision. On conçoit, ce faisant, tout l'intérêt qu'il peut y avoir à conclure un accord de branche, ensuite étendu, pour muer le comité social et économique en conseil d'entreprise dans les entités d'au moins onze salariés.

9 – En admettant que cela soit possible, ce que le juge pourra être amené à dire[15], deux remarques doivent être faites. Tout d'abord, on s'accordera avec le professeur Teyssié[16] pour considérer que le conseil d'entreprise suppose l'existence préalable d'un comité social et économique. Cette assertion procède au premier chef du fait que le premier ne naît que par l'octroi au second de prérogatives supplémentaires. Il ne saurait donc être créé *ex nihilo*. Ensuite, si un accord de branche est conclu et qu'il est ensuite étendu, sa force normative imposera que le comité social et économique soit transformé en conseil d'entreprise, dans toutes les entités relevant de son champ d'application. Il ne pourra, de notre point de vue, en aller différemment que si l'accord lui-même ouvre la faculté à l'employeur de ne pas opérer semblable mutation[17]. Gageons qu'il devrait en aller ainsi dès lors que, faut-il le rappeler, l'avènement du conseil d'entreprise implique un partage du pouvoir de décision.

10 – Si tant est qu'un conseil d'entreprise puisse être mis en place dans les entreprises de moins de cinquante salariés ce qui, on l'aura compris, est loin d'être acquis, un écueil ne manquera pas de naître consécutivement à la transformation.

B. – L'écueil de la transformation

11 – En application de l'article L. 2321-9 du Code du travail, la validité d'une convention ou d'un accord d'entreprise ou d'établissement « *conclu par le conseil d'entreprise* » est subordonnée à un certain nombre de conditions, qui importent

(15) Il reste à savoir si ce sera le juge judiciaire ou le juge administratif dès lors qu'est exigé un accord de branche étendu.

(16) *Art. préc.*, § 3. L'auteur avance que la question vaut surtout pour la période transitoire puisque les entreprises franchissant le seuil de cinquante salariés auront déjà, en principe, constitué un comité social et économique. Mais la question prend une dimension nouvelle si l'on admet que le conseil d'entreprise peut aussi intéresser les entreprises occupant au moins onze salariés.

(17) Pour une autre opinion, V. *B. Teyssié, art. préc.*, § 8.

peu ici. Ce qu'il faut relever, c'est que le texte en cause laisse clairement entendre que le conseil d'entreprise est partie à l'accord conclu. Or, c'est ici que se dresse l'écueil. En effet, ainsi que l'ont relevé plusieurs commentateurs[18], le comité social et économique serait privé de personnalité juridique dans les entreprises de moins de cinquante salariés. Si tel est le cas, on ne voit pas comment le conseil d'entreprise, dont il faut redire qu'il n'en est que l'émanation, pourrait en être doté. Remarquons qu'ilya là un argument supplémentaire au soutien de l'impossibilité de constituer un tel conseil dans les entreprises de moins de cinquante salariés. Mais la problématique liée à l'absence de personnalité juridique du comité social et économique instituée dans les entreprises de moins de cinquante salariés va bien au-delà. Interdisant au comité d'agir en justice, elle ne lui permet pas non plus d'être doté d'un patrimoine. *A priori*, ce dernier point ne suscite guère de problème puisque ce comité ne bénéficie pas, en application de la loi, de la moindre dotation financière. Mais ce que la loi ne permet pas, une convention collective, un engagement unilatéral ou l'usage le peut. À cela, il faut encore ajouter la situation de l'entreprise dont l'effectif, un temps supérieur à cinquante salariés, tombera en-deçà de ce seuil, sans être inférieur à onze. Quel sort, en ce cas, réserver au patrimoine du comité[19] ?

12 – Il importe de relever que le Code du travail ne dénie pas formellement au comité social et économique des entreprises de moins de cinquante salariés la personnalité juridique. Si tel avait été le cas, il n'eut pas été possible d'aller plus loin. En revanche, l'article L. 2315-23 du Code du travail, qui ouvre une section consacrée aux « *dispositions particulières des entreprises d'au moins cinquante salariés* », dispose que « *le comité social et économique est doté de la personnalité civile et gère son patrimoine* ». C'est à partir de là, qu'il est avancé que le comité institué dans les entreprises de moins de cinquante salariés est dépourvu de la personnalité juridique.

On pourrait se résoudre à un tel constat si la Cour de cassation, dans son fameux arrêt Comité d'établissement de Saint-Chamond du 28 janvier 1954, ne s'était pas ralliée à la théorie de la réalité technique[20]. Rappelons-en les termes : « la personna-

(18) *G. Borenfreund, art. préc., p. 612. – J.-Y. Kerbourc'h, art. préc., § 56.*
(19) V. déjà pour semblable interrogation, *J.-Y. Kerbourc'h, art. préc., § 56.*
(20) *Cass. 2e civ., 28 janv. 1954, n° 54-07.081 : D. 1954, p. 217, note G. Levasseur.*

lité civile n'est pas une création de la loi ; elle appartient, en principe, à tout groupement pourvu d'une possibilité d'expression collective pour la défense d'intérêts licites, dignes, par suite, d'être juridiquement reconnus et protégés. Si le législateur a le pouvoir, dans un but de haute police, de priver de la personnalité civile telle catégorie déterminée de groupements, il en reconnaît, au contraire, implicitement mais nécessairement, l'existence en faveur d'organismes créés par la loi elle-même avec mission de gérer certains intérêts collectifs présentant ainsi le caractère de droits susceptibles d'être déduits en justice ». En résumé, « selon les juges, si la personnalité morale se rattache toujours à la volonté du législateur, cette volonté peut être implicite ce qui autorise, en l'absence de texte, la reconnaissance de la personnalité des groupements légalement constitués dès lors qu'ils remplissent les conditions posées par la théorie de la réalité technique »[21].

13 – Ainsi, si un groupement est institué par le législateur et qu'il ne lui refuse pas expressément la personnalité juridique[22], ce qui est bien le cas du comité social et économique[23], elle peut lui être reconnue si certaines conditions sont remplies. Contrairement à ce qui a pu être avancé, une telle reconnaissance ne peut être le fait d'un acte juridique privé, tel une convention ou un accord collectif de travail[24] ; ce qui marquerait, soit dit en passant, une autre transformation du comité. Seul le juge est en mesure de constater que les conditions présidant à la reconnaissance de la personnalité juridique sont réunies par le groupement considéré[25]. S'agissant précisément de ces conditions, il est classi-

(21) *G. Wicker et J.-C. Pagnucco, Personne morale : Rép. civ. Dalloz, 2016, § 14.*

(22) Même dans ce cas, « toute discussion n'est pas alors fermée car cette exclusion doit être appréciée en considération des variations dont est susceptible la personnalité morale » *(G. Wicker et J.-C. Pagnucco, étude préc., § 19).*

(23) Il importe peu, à cet égard, que dans les entreprises employant de 11 à 24 salariés, le comité ne compte qu'un seul membre *(C. trav., art. R. 2314-1)*. De même qu'une société peut disposer de la personnalité civile en ne comptant qu'un seul associé (EURL ; SASU), il doit en aller de même pour le comité social et économique.

(24) V. en ce sens, *J.-Y. Kerbourc'h, art. préc., § 56* qui subordonne toutefois sa proposition au fait que « l'attribution de la personnalité civile trouve son fondement dans une règle d'ordre public absolu ».

(25) Rappelons que la Cour de cassation a décidé qu'un accord collectif ne peut faire d'une unité économique et sociale l'employeur des salariés, ce qui revient à dire qu'un tel acte juridique ne peut conférer à l'entité en cause la personnalité juridique : *Cass. soc., 16 déc. 2008, n° 07-43.875 : JurisData n° 2008-046307 ; Bull. civ. V, n° 255 ; RDT 2009, p. 228, note B. Lardy-Pélissier.*

quement enseigné, dans le droit fil de la jurisprudence précitée[26], qu'ilya trois éléments déterminant de l'attribution de la personnalité morale à un groupement. Il doit être porteur d'un intérêt distinct, son organisation doit lui permettre d'assurer la représentation de son intérêt et l'exercice de ses droits et il lui faut être titulaire d'un patrimoine[27].

14 – On peut penser que ces conditions sont réunies s'agissant du comité social et économique institué dans les entreprises de moins de cinquante salariés. En premier lieu, il est possible de considérer qu'il est en charge d'un intérêt distinct. Sans doute n'est-il pas affirmé à son propos qu'il « *a pour mission d'assurer une expression collective des salariés permettant la prise en compte permanente de leurs intérêts* » ; formule énoncée par l'article L. 2312-8 du Code du travail à propos des attributions du comité social et économique dans les entreprises d'au moins cinquante salariés. Mais peut-on sérieusement soutenir que parce que l'effectif de l'entreprise est de 49,9 salariés, le comité n'a plus cette mission ? À cela, on ajoutera que l'article L. 2315-19 dispose que « *les représentants du personnel au comité social et économique exercent individuellement les droits qui sont reconnus au comité par la présente section* »[28]. N'y-a-t-il pas là attribution d'une mission au groupement ? Cette assertion ne trouve-t-elle pas confirmation dans les dispositions de l'article L. 2312-5 qui admet, certes au profit de la « *délégation du personnel* » au comité, la faculté de « *contribuer à promouvoir la santé, la sécurité et les conditions de travail dans l'entreprise* »[29] ? On rappellera, à cet égard, que la Cour de cassation a pu décider que le CHSCT, « qui a pour mission de contribuer à la protection de la santé et de la sécurité des salariés de l'entreprise ainsi qu'à l'amélioration de leurs conditions de travail, [...] est doté dans ce

(26) Confirmée à plusieurs reprises par la suite. V, not. *Cass. soc., 23 janv. 1990, n° 86-14.947 : JurisData n° 1990-700149 ; Rev. sociétés 1990, p. 444, note R. Vatinet ; Dr soc. 1990, p. 322, note J. Savatier (comité de groupe). – Cass. soc., 17 avr. 1991, no 89-17.993 : JurisData n° 1991-001177 ; JCP G 1992, II, 21856, note H. Blaise (CHSCT).*

(27) *G. Wicker et J.-C. Pagnucco, étude préc., § 19.*

(28) Nous soulignons. Remarquons que si des droits sont reconnus au comité, c'est donc qu'il peut en être titulaire... Ajoutons encore que l'article L. 2312-1 vise « *les attributions du comité social et économique des entreprises de moins de cinquante salariés* ».

(29) Auquel est ajouté le droit de réaliser des enquêtes en matière d'accidents du travail ou de maladies professionnelles ou à caractère professionnel.

but de la personnalité morale »[30]. En résumé, il paraît difficile de soutenir que le comité social et économique constitué dans les entreprises de moins de cinquante salariés serait dépourvu de droits propres et ne pourrait prétendre représenter un intérêt distinct de celui de ses membres[31].

15 – S'agissant de la deuxième condition, elle pourrait être érigée en obstacle à la reconnaissance de la personnalité civile au comité social et économique dans la mesure où ce dernier n'est pas pourvu d'une représentation organisée faute, notamment, de disposer d'un secrétaire[32]. Il est toutefois expliqué que « l'exigence d'une représentation organisée du groupement, nécessaire à l'attribution de la personnalité morale, se réduit à l'exigence que le groupement soit porteur d'un intérêt propre afin que puisse être désigné, par son acte constitutif ou par voie contractuelle ou judiciaire, un représentant investi d'un mandat permanent ou temporaire, général ou spécial »[33]. Quant à la dernière condition, tenant à l'exigence d'un patrimoine, elle doit être ramenée à de justes proportions. Il ne s'agit pas de disposer effectivement d'un patrimoine mais de présenter une aptitude à être titulaire de droits et d'obligations. En outre, et ainsi qu'il a été démontré en doctrine, peuvent tout à fait être distinguées une personnalité processuelle et une personnalité substantielle, ce qui revient à dire qu'un groupement peut être doté de la personnalité morale dans le seul but d'agir en justice pour la défense de l'intérêt dont il a la charge ou faire respecter ses prérogatives[34].

16 – Au total, si le problème venait un jour à être soumis à la Cour de cassation, elle pourrait raisonnablement admettre que le comité social et

(30) *Cass. soc., 3 mars 2015, n° 13-26.258 : JurisData n° 2015-004021 ; JCP S 2015, 1149, note J.-B. Cottin ; Lexbase Hebdo, éd. Sociale, n° 605, note G. Auzero ; RDT 2015, p. 415, note I. Odoul-Asorey.*

(31) En s'inspirant de l'arrêt de la Cour de cassation ayant refusé la personnalité civile aux sections syndicales d'entreprise : *Cass. soc., 18 juill. 1979, n° 79-60.118 : Bull. civ. V, n° 646 ; Dr soc. 1980, p. 44, note J. Savatier.*

(32) Si tant est que ce secrétaire puisse être considéré comme le représentant du comité, ce qui n'est pas nécessairement le cas. Il y a déjà là un élément permettant de relativiser l'obstacle évoqué.

(33) *G. Wicker et J.-C. Pagnucco, étude préc., § 35.*

(34) *G. Wicker et J.-C. Pagnucco, ibid., § 39.* – V. aussi *E. Savaux, La personnalité morale en procédure civile : RTD civ. 1995, p. 1.*

économique constitué dans les entreprises de moins de cinquante salariés est titulaire de la personnalité civile. Une telle solution serait de nature à effacer d'importantes difficultés dont il faut rappeler qu'elles ne découlent pas uniquement de la possibilité de muer ce comité en conseil d'entreprise[35]. En tout état de cause, aucun écueil de cette nature ne se dresse sur la voie de la transformation du comité social et économique dans les entreprises d'au moins cinquante salariés.

II. – Les transformations du comité social et économique dans les entreprises d'au moins cinquante salariés

17 – Sous réserve de l'application d'un accord de branche étendu dans les entreprises dépourvues de délégués syndical, la transformation du comité social et économique en conseil d'entreprise exigera le consentement des syndicats majoritaires. En n'oubliant pas que cette majorité est, somme toute, très relative[36], c'est bien le moins que l'on pouvait exiger. On ne saurait en effet raisonner comme si le droit de négocier était à la disposition des syndicats. Il ne faut pas oublier qu'ils n'en sont que les agents puisque ce droit appartient fondamentalement à chaque salarié. Ce faisant, et sans méconnaître les difficultés concrètes du dispositif, il aurait été concevable que le « transfert » du pouvoir de négocier soit décidé par les salariés eux-mêmes, au terme d'un référendum. Toujours est-il qu'une fois la transformation opérée, le conseil d'entreprise va non seulement être appelé à négocier (A) mais aussi à s'opposer aux décisions de l'employeur (B).

A. – Le pouvoir de négocier

18 – Une fois mis en place, le conseil d'entreprise va exercer le pouvoir de négocier et cela sans partage. Ainsi que l'affirme en effet l'article L. 2321-1 du Code du travail, il est « *seul* » compétent pour négocier, conclure et réviser

(35) Si la personnalité juridique devait être refusée, ce refus conduirait à ce résultat curieux que le comité institué dans une entreprise de moins de cinquante salariés n'est pas une personne morale alors que, en application de l'article L. 2316-25, le comité social et économique institué dans un établissement de moins de cinquante salariés semble doté de la personnalité civile.
(36) Rappelons qu'elle est appréciée par rapport aux suffrages qui se sont portés vers les syndicats représentatif (*C. trav., art. L. 2232-12*).

les conventions et accords d'entreprise ou d'établissement. On comprend ainsi qu'en signant l'accord de transformation, les délégués syndicaux ne consentent pas à un partage du pouvoir de négocier ; ils l'abandonnent purement et simplement au conseil d'entreprise. En d'autres termes l'accord fondateur ne saurait être à géométrie variable sur ce point. Tout au plus pourra-t-il prévoir que les délégués syndicaux font partie de la délégation qui négocie les conventions et accords d'entreprise ou d'établissement[37]. Mais, sauf à être dans le même temps élus au conseil, ils ne pourront signer les conventions et accords collectifs.

19 – L'article L. 2321-9 réserve la conclusion aux seuls élus en précisant que la validité d'une convention ou d'un accord d'entreprise ou d'établissement conclu par le conseil d'entreprise est subordonnée à sa signature par la majorité des membres élus du conseil ou par un ou plusieurs membres titulaires ayant recueilli plus de 50 % des suffrages exprimés lors des dernières élections professionnelles[38]. Il reste à savoir si l'accord de transformation pourra opter entre la majorité arithmétique et la majorité électorale. La loi ne l'interdit ni ne l'autorise expressément[39]. Le renvoi à la majorité arithmétique contraste avec les dispositifs de négociation dérogatoire qui, systématiquement, soumettent la validité des accords conclus avec des élus au comité social et économique à la majorité électorale, sauf à ce que ces élus aient également reçu mandat d'un syndicat représentatif dans les entreprises d'au moins cinquante salariés[40].

(37) L'article L. 2321-7 ouvre à l'accord de transformation la faculté de fixer la composition de cette délégation. Principe d'égalité oblige, ce sont tous les délégués syndicaux qui pourront faire partie de la délégation si tel est le sens de l'accord. Évoquant les heures de délégation octroyées aux « *élus du conseil d'entreprise participant aux négociations* », l'article L. 2321-4 en exclut par là-même les représentants syndicaux à ce même conseil.

(38) Le texte prend soin de préciser que pour l'appréciation de ce dernier seuil, il est tenu compte des suffrages recueillis lors du premier tour des élections pour les élus au premier tour de scrutin, et de ceux recueillis lors du second tour pour les élus au second tour de scrutin.

(39) Dans la mesure où le droit à la négociation est un droit individuel, la majorité électorale aurait dû être privilégiée.

(40) *C. trav., art. L. 2232-23-1* (entreprises dont l'effectif est compris entre 11 et moins de 50 salariés). – *C. trav., art. L. 2232-25* (entreprises d'au moins 50 salariés). Dans ces mêmes entreprises, l'article L. 2232-24 soumet la validité de l'accord signé par un ou plusieurs élus mandatés à son approbation par les salariés.

20 – Il faut se demander si cette négociation dérogatoire peut encore avoir cours dans les entités dotées d'un conseil d'entreprise. Elle sera exclue si ce dernier a été constitué par accord d'entreprise majoritaire. Nécessairement signé par au moins un délégué syndical, cet accord n'en entraînera pas la disparition. Or, dans la mesure où le recours à la négociation dérogatoire est nécessairement subordonné à l'absence de délégué syndical, il est exclu. En revanche, et pour cette même raison, la négociation précitée paraît ouverte lorsque le conseil d'entreprise a été institué dans une entreprise dépourvue de délégué syndical sur le fondement d'un accord de branche étendu. Mais ce serait oublier que le conseil d'entreprise est « *seul* » compétent pour négocier, conclure et réviser les conventions et accords collectifs d'entreprise ou d'établissement[41].

21 – Il n'est d'ailleurs pas acquis que la compétence exclusive ainsi conférée au conseil d'entreprise puisse être étendue au protocole d'accord préélectoral[42]. Il n'est guère besoin de rappeler qu'il constitue un accord collectif particulier soumis, en tant que tel, à des règles spéciales qui, notamment, ne réservent pas sa négociation aux syndicats représentatifs dans l'entreprise et donc aux délégués syndicaux. Partant, s'il ne fait guère de doute que, substitués à ces derniers, le conseil d'entreprise doit participer à sa négociation, il se pourrait que doivent être également y être invitées les organisations syndicales intéressées, au sens de l'article L. 2314-5 du Code du travail.

22 – À supposer qu'il doive en aller ainsi, la délégation salariale à la négociation risque d'être pléthorique. C'est ici l'occasion de souligner que, pour ce qui est du conseil d'entreprise, il n'est nullement exigé que la négociation soit menée avec l'ensemble de ses membres. Au contraire, l'article L. 2321-4 laisse clairement entendre que la négociation peut être menée avec

(41) *C. trav., art. L. 2321-1.* Si cette disposition n'est pas exclusive de la négociation dérogatoire, qui ne pourrait prendre la forme que d'une négociation avec un ou plusieurs salariés mandatés, à tout le moins paraît-elle imposer que l'employeur ait, dans un premier temps, cherché à s'accorder avec le conseil d'entreprise.
(42) Tel qu'initialement issu de l'ordonnance n° 2017-1386 du 22 septembre 2017, l'article L. 2321-1 excluait le protocole préélectoral de la négociation avec le conseil d'entreprise, ce qui avait du sens.

certains élus du conseil. Il nous semble toutefois que même si les élus choisis[43] sont majoritaires en nombre ou en termes de suffrages, il ne pourra être fait l'économie d'une présentation du fruit des négociations à l'ensemble du conseil. Car il ne faut pas oublier qu'une fois les signatures apposées, ce sera le conseil qui sera partie à l'accord[44].

23 – Les difficultés inhérentes à une négociation menée avec un organe collégial se retrouveront lorsque le conseil d'entreprise sera amené à exercer son pouvoir d'opposition.

B. – Le pouvoir de s'opposer

24 – Une fois n'est pas coutume, c'est par une singulière économie de mots que le législateur aura, au moins *a priori*, consacré un bouleversement profond au sein de notre droit du travail. Ainsi que l'affirme, en effet, l'article L. 2321-3 du Code du travail, l'accord instituant le conseil d'entreprise « *fixe la liste des thèmes tels que l'égalité professionnelle, soumis à l'avis conforme du conseil d'entreprise. La formation professionnelle constitue un thème obligatoire* ». Voilà qu'au détour de ce texte succinct, un « processus de codécision d'inspiration allemande »[45] serait institué dans notre droit positif. Dans la mesure où l'on reste très éloigné du système allemand[46], on préfère considérer, avec d'autres[47], que c'est une codécision « à la française » qui a été consacrée. Ce qui est en vérité conféré au conseil d'entreprise, c'est le pouvoir de s'opposer aux décisions de l'employeur ou, plus exactement, à certaines d'entre elles[48].

(43) Choix qui ne pourra résulter que d'un vote d'un conseil à moins que l'accord de transformation fixe très précisément la composition de la délégation, comme l'y autorise l'article L. 2321-7. Mais une telle précision ne pourrait résider que dans la désignation d'un organe préalablement identifié, tel le secrétaire.

(44) C'est donc une représentation légale qui est ici établie puisque le conseil ne sera engagé que par la signature des élus majoritaires.

(45) Formule que nous empruntons au professeur G. *Borenfreund, art. préc., p. 622.*

(46) V. l'article *préc.* de P. Rémy.

(47) *B. Teyssié, art. préc., § 1* qui parle « d'une forme de cogestion à la française ».

(48) Ce qui nous ramène à des choses bien connues. Succédant à cet égard au comité d'entreprise, le comité social et économique dispose déjà, très ponctuellement, d'un tel droit d'opposition. Ainsi, l'article L. 3121-48 soumet à son « *avis conforme* » la pratique des horaires individualisés, tandis que l'article R. 4623-5 subordonne la nomination et l'affectation du médecin du travail à « *l'accord* » du comité.

25 – C'est en effet à l'accord de transformation de fixer les « *thèmes* » soumis à l'avis conforme du conseil d'entreprise, la formation professionnelle en faisant nécessairement partie, aux termes de l'article L. 2321-3[49]. Ilya lieu de penser que l'accord ne se contentera pas d'évoquer « *des thèmes* » ; ce qui n'a pas grand sens[50]. Il lui faudra énumérer des questions précises, sur lesquelles le conseil pourra exercer son droit d'opposition. Le champ ouvert est relativement large. Sans doute, les questions « sociales » seront privilégiées. Mais des projets de décisions plus stratégiques pourraient tout à fait être soumis à l'avis conforme du conseil d'entreprise. On peut penser que, contrairement à ce qui a pu être suggéré[51], ce n'est pas la liberté d'entreprendre ou la liberté contractuelle qui viendra limiter le contenu de l'accord. Tout dépendra du pouvoir dont est titulaire le représentant de l'employeur appelé à signer l'acte juridique. Ainsi, alors même que ce serait le représentant légal de la personne morale employeur, il ne pourra certainement pas consentir à ce que des décisions relevant de l'assemblée générale des associés soient soumises à l'avis conforme du conseil d'entreprise. De notre point de vue, il ne pourra admettre un droit d'opposition que sur des décisions relevant de ses propres pouvoirs.

26 – Appelé à fixer les « *thèmes* » soumis à l'avis conforme du conseil d'entreprise, l'accord fondateur pourra comporter des stipulations de nature à dépasser l'opposition du conseil d'entreprise. On peut en effet s'étonner que la loi n'envisage pas cette situation de blocage. Rien n'interdit toutefois que l'accord, en s'inspirant du modèle allemand, institue une instance de départage dont il lui appartiendra de fixer la composition. Tout ne sera pas réglé pour autant car restera dans l'ombre la nature juridique de la décision prise par cette instance. On s'accordera avec un auteur pour considérer que lorsque le conseil approuve le projet de décision qui lui est soumis, il s'agit d'« une manière d'acquiescement à ce qui demeure une décision unilatérale de l'employeur »[52]. Mais *quid*, si la « décision » est prise par une instance de départage ?

27 – Au demeurant, si employeur ne souhaite pas se heurter à l'opposition du conseil d'entreprise[53], il lui faudra certainement ouvrir avec lui un dialogue.

(49) Ce qui ne semble pas être le cas de l'égalité professionnelle, citée simplement en exemple.

(50) V., en ce sens *P. Rémy, art. préc., p. 1052 et 1053.*

(51) *P. Rémy, art. préc., p. 1053.*

(52) *G. Borenfrenud, art. préc., p. 622.*

(53) Dont on se demande bien comment il peut encore en assumer la présidence...

Ce faisant, la distinction entre la procédure d'avis conforme et la négociation collective, qui mettront aux prises les mêmes protagonistes, risque de s'avérer délicate[54]. À l'évidence, elles ne trouveront pas la même traduction : décision unilatérale d'un côté en l'absence d'opposition, accord de l'autre. Il a pu être à ce propos souligné que le degré d'implication et d'engagement des représentants est plus élevé dans la seconde hypothèse[55]. Cela reste à voir car il n'est pas acquis qu'il ne puisse être fait reproche au conseil d'entreprise de ne pas s'être opposé à une décision unilatérale de l'employeur, le cas échéant en empruntant la voie de la responsabilité civile.

28 – Une telle situation aura peu de chance d'advenir si la procédure d'avis conforme est cantonnée à des questions très subalternes, ne mettant en cause que les conséquences sociales des décisions économiques. On peut penser que, dans ce cas, les représentants des salariés continueront d'avoir principalement en vue l'intérêt de leurs « mandants ». Il devrait en revanche en aller différemment si les décisions économiques elles-mêmes sont, peu ou prou, soumises à approbation du conseil d'entreprise. Dans ce cas-là, ses délibérations devront sans doute être dictées par un intérêt supérieur[56], dont il restera à déterminer la substance. À supposer qu'ils puissent être véritablement distingués, faudra-t-il se référer à l'intérêt légitime de l'entreprise, parfois évoqué par la chambre sociale de la Cour de cassation, ou bien à l'intérêt social, qui oriente l'action des mandataires sociaux ? À moins qu'une troisième voie vienne à être dessinée par la réécriture de l'article 1833 du Code civil[57]. En tout état de cause, l'avènement d'un processus de codécision pérenne et véritable au sein de notre droit positif ne pourra faire l'économie d'une telle réflexion.

MOTS-CLÉS : *Comité social et économique – Conseil d'entreprise – Transformation*

TEXTES : *Ord. n° 2017-1386, 22 sept. 2017*

JURISCLASSEUR : *Travail Traité, fasc. 14-2, par Jean-Yves Kerbourc'h*

(54) V. en ce sens, *G. Borenfreund, préc.*

(55) *G. Borenfreund, ibid.*

(56) V. en ce sens, *B. Teyssié, art. préc., § 25.*

(57) Rappelons que le rapport présenté le 9 mars 2018 par N. Notat et J.-D. Senard (« L'entreprise, objet d'intérêt collectif ») recommande d'ajouter l'alinéa suivant à l'article 1833 du Code civil : « La société doit être gérée dans son intérêt propre, en considérant les enjeux sociaux et environnementaux de son activité ».

LE CONSEIL D'ENTREPRISE

Romain Chiss,

avocat associé, Vivant Chiss

1 – Pourquoi s'intéresser au conseil d'entreprise ? Pour quelles (bonnes) raisons chefs d'entreprise et organisations syndicales se décideraient-ils à transformer leur comité social et économique en conseil d'entreprise ? La nouvelle instance inquiète ou indiffère. À l'origine de cette inquiétude ou de cette indifférence : la difficulté à identifier les intérêts qu'il pourrait y avoir à s'engager dans cette voie.

2 – Si l'on devait synthétiser les positions sur le sujet, relevons d'abord que la quasi-totalité des organisations syndicales ont communiqué après l'entrée en vigueur des ordonnances sur le fait qu'il ne fallait pas mettre en place de conseil d'entreprise. Pour résumer leur position :

– le dispositif n'impose pas suffisamment de thèmes devant être soumis à l'avis conforme du conseil d'entreprise. Le sujet de la formation professionnelle (seul légalement obligatoire) est insuffisant. Il eut été préférable de s'inspirer davantage de la « cogestion à l'allemande » qui implique un droit de veto sur de très nombreuses questions décisives pour l'entreprise. Pour les organisations syndicales, la mise en place du conseil d'entreprise ne présente donc pas d'intérêt de ce point de vue ;

– le dispositif anéantit le rôle et la place des délégués syndicaux dans l'entreprise. Ils sont privés de leur prérogative principale : négocier les accords collectifs. Certaines organisations prédisent donc la disparition des délégués syndicaux et sont évidemment très inquiètes sur leur propre avenir au sein des entreprises.

3 – Du côté du MEDEF ou de la Confédération des PME, le sujet est bien sûr perçu différemment : cela fait longtemps que certains, au sein de ces organisations, plaident pour la création d'une instance unique de représentation du personnel intégrant également les délégués syndicaux. En revanche, elles n'envisageaient pas que la contrepartie serait de soumettre certains sujets à un avis conforme de l'instance. Les organisations patronales s'interrogent donc sur la « manœuvrabilité » de l'entreprise dans le cas où le chef d'entreprise n'aurait d'autre choix que d'allonger la liste des sujets devant être soumis à avis conforme pour pouvoir mettre en place un conseil d'entreprise.

4 – L'avenir du conseil d'entreprise semble donc compromis, ballotté entre le scepticisme des uns, les objections des autres et l'aspiration des salariés à participer davantage aux décisions qui affectent leur entreprise[1]. Mais, heureusement, le dialogue social (toujours lui !) doit permettre de dépasser ces clivages et ces inquiétudes. Les praticiens le savent : au final, seul l'accord conclu compte. Peu importe les tergiversations ayant précédé sa conclusion. Parions donc que le conseil d'entreprise ne fera pas exception à la règle. Les négociateurs de l'accord de transformation du CSE en conseil d'entreprise devront : 1) prendre de la hauteur par rapport au texte « brut » du Code du travail ; 2) inscrire cette transformation dans un contexte plus global qui permette de dépasser les préjugés existants ; 3) trouver un équilibre qui permette à l'ensemble des parties prenantes d'y trouver un intérêt.

Nous prendrons ici le parti – certes à contre-courant – de l'optimisme car les intérêts de la mise en place d'un conseil d'entreprise sont en effet réels et nombreux. Certains sont immédiatement identifiables (1), d'autres moins évidents à première vue mais ô combien importants en définitive (2).

I. – Intérêts immédiats

5 – L'intérêt le plus immédiat est celui de la « **rationalisation** » de la représentation du personnel au sein de l'entreprise : en confiant au conseil d'entreprise la négociation des accords collectifs, la transformation du comité social et économique diminue encore davantage le nombre d'interlocuteurs. Logiquement, cette diminution devrait permettre un **meilleur fonctionnement et une meilleure fluidité du dialogue social** au sein de l'entreprise. En un mot, son effectivité.

6 – Certains auteurs voient dans la pratique de l'avis conforme – donc dans le fait d'accepter de **partager une décision avec les élus** – un moyen de **faciliter la mise**

(1) Enquête « Parlons Travail » réalisée par la CFDT en septembre 2016 auprès de plus de 200 000 personnes. 72 % des personnes interrogées souhaitent participer davantage aux décisions qui affectent l'entreprise ou son administration.

en œuvre de cette décision au niveau des salariés. L'instance unique permettrait ainsi de **renforcer la légitimité des représentants du personnel** qui partageront les décisions. Cela pourrait *in fine* **favoriser l'attractivité des mandats élus** auprès des meilleurs collaborateurs de l'entreprise[2], et par la même occasion **favoriser leur professionnalisation** et **leur « responsabilisation ».**

7 – « L'absorption » du dialogue social par le conseil d'entreprise dans des entreprises dans lesquelles les organisations syndicales sont peu ou pas présentes **devrait permettre de conclure des accords d'entreprise sur tous les thèmes**. Combien de ces entreprises se trouvent aujourd'hui frustrées de ne pas pouvoir développer un dialogue social de qualité ou, en tout cas, à la hauteur de leurs ambitions ? S'il faut reconnaître que la négociation sans délégués syndicaux a récemment été facilitée, il n'en demeure pas moins que la négociation avec des élus est subordonnée à des formalités et délais assez longs et impose surtout l'organisation d'un référendum (dans le cas où les élus sont mandatés). Tel ne serait pas le cas avec le conseil d'entreprise. De même, la possibilité de négocier avec les élus reste réservée à certains sujets seulement, tandis que la négociation avec le conseil d'entreprise peut porter sur tous les sujets[3].

8 – Malheureusement, ces intérêts immédiats n'emportent pas pour l'instant l'adhésion et semblent insuffisants pour convaincre de franchir le pas de la mise en place d'un conseil d'entreprise. Il faut donc chercher des raisons plus profondes qui pourraient susciter davantage d'enthousiasme aussi bien du côté des organisations syndicales que des directions d'entreprise.

II. – Intérêts supérieurs

9 – Comment rendre le conseil d'entreprise plus attractif ? Comment permettre aux parties de s'unir autour d'un projet commun qui pourrait hisser

(2) S. Niel, *Pourquoi négocier un conseil d'entreprise : SSL, n° 1790, 13 nov. 2017.*

(3) À ce jour, il n'apparaît pas possible de négocier et conclure l'accord fondateur du conseil d'entreprise avec les élus du CSE (mandatés ou non). Le conseil d'entreprise est institué par accord d'entreprise conclu avec des organisations syndicales, c'est-à-dire *a priori* seulement avec les délégués syndicaux. Il est regrettable que la loi n'ait pas prévu cette possibilité en l'absence de délégué syndical dans l'entreprise. Les branches pourraient peut-être s'emparer du sujet en autorisant expressément les élus du CSE, dans les entreprises sans délégué syndical, à transformer le CSE en conseil d'entreprise. Sinon, le dispositif n'aura aucune chance d'exister dans la majorité des entreprises françaises, lesquelles ne comptent pas de délégués syndicaux.

l'entreprise et le dialogue social à un niveau supérieur, sans entraver la compétitivité de cette dernière ?

10 – Pour cela, nous suggérons d'inscrire la transformation du CSE en conseil d'entreprise dans une démarche plus globale qui s'articulerait autour de deux axes :

– appréhender et traiter la question du conseil d'entreprise sous l'angle de la responsabilité sociale (ou sociétale) de l'entreprise (A) ;

– appréhender et traiter la question du conseil d'entreprise sous l'angle de la gouvernance d'entreprise et des projets actuels de modification de l'objet social des sociétés (B).

A. – Conseil d'entreprise et RSE

11 – Notre propos ici est de soutenir que la transformation du CSE en conseil d'entreprise peut être l'amorçage d'une démarche RSE pour l'entreprise (ou la continuation d'une démarche existante) en faisant du conseil d'entreprise un **nouvel outil de RSE**.

12 – La RSE poursuit l'idée selon laquelle l'entreprise est incitée, voire obligée, à aller au-delà de sa seule finalité spéculative et économique au profit de ses seuls membres pour intégrer dans sa prise de décision (et c'est cela qui est important) des considérations de nature éthique, sociale ou encore environnementale au bénéfice de l'ensemble des parties prenantes (*stakeholders*). En d'autres termes, la RSE invite l'entreprise à prendre en compte l'intérêt des associés mais aussi celui des salariés, des dirigeants, des investisseurs, et même des « tiers intéressés » que sont, par exemple, les clients, les fournisseurs, les concurrents, les associations, les collectivités locales, etc., dès lors que l'activité de l'entreprise les affecte d'une manière ou d'une autre.

13 – Quel est le **rapport entre la RSE et le conseil d'entreprise ?** Notre raisonnement est le suivant : à partir du moment où les salariés, par l'intermédiaire de leurs représentants, sont des parties prenantes au sens de la RSE, car intéressés par les décisions de leur entreprise, leurs intérêts doivent être pris en compte par l'entreprise dans ses prises de décision ; et à partir du moment où la représentation du personnel et le dialogue social sont, par définition, les piliers de la prise en compte des intérêts des salariés, il nous semble que le conseil d'entreprise – qui ajoute une dose de « prise en compte » par le biais du mécanisme de l'avis conforme – peut constituer un nouvel outil de RSE.

14 – Quel intérêt ? Il y en a plusieurs. Comme tous les outils ou actions de RSE, il s'agit de promouvoir une entreprise éthique, une entreprise qui se démarque de ses concurrents, qui contribue à la promotion du dialogue social et qui se met en conformité avec les exigences de plus en plus fortes de la vie économique. Pour ne prendre qu'un seul exemple : qui dit que demain des marchés publics ne seront attribués qu'à des entreprises ayant mis en place un conseil d'entreprise parce que ce dispositif sera vu en France et à l'étranger comme la preuve de la responsabilité sociale de l'entreprise. Qui dit que demain, un co-contractant n'exigera pas, par exemple à travers une certification quelconque, la mise en place d'un conseil d'entreprise comme preuve d'une démarche de responsabilité sociale ? Et que dire des investisseurs qui l'exigeraient en en faisant un préalable à leur investissement ?

15 – Notre idée n'est évidemment pas de faire du conseil d'entreprise un organe de cogestion totale et absolue ; ce n'est ni notre culture, ni notre propos. En revanche, il nous semble que certains sujets pourraient être soumis à l'avis conforme du conseil d'entreprise, en plus de celui relatif à la consultation annuelle obligatoire sur la formation professionnelle. Nous pensons en particulier à un certain nombre de décisions qui n'auraient précisément **pas** donné lieu à une consultation obligatoire du CSE. L'idée est d'exclure du champ de l'avis conforme les décisions stratégiques de l'entreprise dont il n'est pas question qu'elles puissent être bloquées par un avis non conforme. Pourraient être en revanche soumises à avis conforme du conseil d'entreprise des décisions de responsabilité sociale ou sociétale, telles que des décisions portant **sur l'environnement, sur l'éthique, sur la lutte et la prévention des atteintes aux droits humains et aux libertés fondamentales**. Concrètement, il pourrait être convenu de soumettre à l'avis conforme du conseil d'entreprise la mise en place ou la révision de la charte éthique de l'entreprise, du code de bonne conduite en telle ou telle matière, de la charte informatique, les processus de recrutement, la suppression du papier pour le tout numérique, la mise en place d'outils de réduction des pollutions, l'insertion des personnes handicapés, la mise en place de mécénats, la conclusion de partenariats avec des associations de réinsertion en France ou à l'étranger, etc. Bref, autant de sujets qui touchent d'une certaine manière aux conditions de travail, à la qualité de vie au travail, à l'environnement, donc *in fine* à la RSE en général et qui n'auraient donné lieu ni à une consultation obligatoire du CSE, ni à la nécessité de conclure un accord d'entreprise. En revanche, il s'agit indiscutablement de **sujets d'intérêt général** permettant d'associer davantage les représentants du personnel aux décisions de l'entreprise sans entraver par ailleurs le pouvoir de décision de l'employeur sur des sujets stratégiques touchant notamment à sa capacité de production, à ses effectifs ou à ses investissements.

16 – L'idée est donc de faire de cette **participation renforcée des salariés à certaines décisions** de l'entreprise un nouvel outil de RSE pour faire d'elle une entreprise socialement responsable, évoluant dans un **environnement concurrentiel** amené à se préoccuper de plus en plus de ce nouvel aspect de la vie économique.

17 – Le risque d'enlisement et de blocage reste naturellement au cœur des préoccupations, sans compter ceux qui refusent d'avoir demain à rendre plus de comptes que d'ordinaire. À destination de ces pessimistes, il nous paraît important de préciser que :

– rien n'interdit dans l'accord fondateur du conseil d'entreprise de s'inspirer du modèle allemand et d'instituer, par exemple, **une instance de départage** en cas de blocage. Vu sous cet angle, l'avis conforme du conseil d'entreprise ne serait plus nécessairement assimilé à un droit de veto mais vu comme une incitation à la négociation, une incitation à s'entendre plutôt qu'à devoir recourir à un tiers pour arbitrer ;

– rien n'interdit non plus dans l'accord fondateur du conseil d'entreprise d'imaginer la création d'une **commission *ad hoc*** en son sein ayant pour mission de préparer les consultations soumises à avis conforme. Ce rôle de « désamorçage » des sujets en amont des consultations se pratique depuis des années au sein des comités d'entreprise et aujourd'hui au sein des CSE ;

– **l'avis conforme existe déjà dans notre droit du travail** sur des thèmes aussi importants que la mise en place d'horaires individualisés, l'embauche du médecin du travail ou encore le remplacement du paiement des heures supplémentaires par un repos compensateur équivalent dans les entreprises privées de représentation syndicale. Sa pratique n'est donc pas inconnue.

B. – Conseil d'entreprise et objet social de l'entreprise

18 – Si cet axe de réflexion apparaît encore plus « expérimental » que celui de la RSE, il est néanmoins au cœur de l'actualité. Le 6 décembre 2017, des députés ont déposé une proposition de loi dite « Entreprise nouvelle et nouvelles gouvernances »[4] par laquelle ils proposent :

– de modifier l'article 1833[5] du Code civil pour faire évoluer la manière dont sont gérées aujourd'hui les sociétés. Selon ces députés, les sociétés devraient à l'avenir être gérées au-delà de l'intérêt des actionnaires, c'est-à-dire en tenant davantage compte des conséquences économiques, sociales et environnementales de l'exploitation de leur activité. L'objet du contrat de société serait étendu pour prendre en compte ces conséquences économiques, sociales et environnementales ;

– de renforcer la présence des salariés dans les conseils d'administration et les conseils de surveillance en abaissant le seuil à partir duquel les salariés doivent être représentés au conseil d'administration ou en augmentant le nombre d'administrateurs salariés ;

– d'introduire dans le Code civil un nouveau type de société : la « société à mission qui serait une société avec un objet social étendu qui pourrait être un objectif social, environnemental, scientifique ou humain d'intérêt collectif. Cela impliquerait alors – selon cette proposition de loi – la mise en place d'un « comité de suivi de la mission », composé de membres désignés par les salariés et qui rendrait compte de la réalisation de la mission auprès des actionnaires et des salariés.

19 – En parallèle de cette proposition de loi, le projet « PACTE » (Plan d'action pour la croissance et la transformation des entreprises) prévoit de réformer l'objet social des sociétés pour « repenser la place des entreprises dans la société » en associant mieux les salariés au projet social de l'entreprise et à ses résultats.

(4) Proposition de loi n° 476, renvoyée à la commission des lois constitutionnelles, de la législation et de l'administration générale de la République.

(5) Actuellement, l'article 1832 du Code civil définit l'objet du contrat de société tandis que l'article 1833 pose le principe selon lequel « *toute société doit avoir un objet licite et être constituée dans l'intérêt des associés* ». Dans sa rédaction actuelle, l'article 1832 dispose que « *la société est instituée par deux ou plusieurs personnes qui conviennent, par un contrat, d'affecter à une entreprise commune des biens ou leur industrie en vue de partager le bénéfice ou de profiter de l'économie qui pourra en résulter. Elle peut être instituée dans les cas prévus par la loi par l'acte de volonté d'une seule personne. Les associés s'engagent à contribuer aux pertes* ».

20 – Quel est le rapport entre cette proposition et ce projet de loi et le conseil d'entreprise ? Même si le rapport est ici moins évident, il n'en reste pas moins réel dès lors que cette proposition et ce projet mettent tous les deux en lumière le fait que le conseil d'entreprise pourrait être **l'un des aspects techniques de ce mouvement d'ensemble** de plus en plus fort qui consiste, qu'on le veuille ou non, à intéresser de plus en plus les salariés à la gestion de l'entreprise[6]. Ce faisant la question de la transformation du CSE en conseil d'entreprise est une question centrale sur laquelle il faut, selon nous, se pencher sérieusement pour dépasser les préjugés d'une part, et voir, d'autre part, comment ce nouvel outil pourrait permettre de répondre à des **attentes de plus en plus évidentes et de plus en plus pressantes, à l'intérieur de l'entreprise comme à l'extérieur**.

MOTS-CLÉS : *Comité social et économique – Conseil d'entreprise – Transformation*

JURISCLASSEUR : *Travail Traité, fasc. 14-2, par Jean-Yves Kerbourc'h*

(6) Rappelons tout de même à cet égard l'alinéa 8 du préambule de la Constitution du 27 octobre 1946 : « ***Tout travailleur participe***, *par l'intermédiaire de ses délégués, à la détermination collective des conditions de travail ainsi* ***qu'à la gestion des entreprises*** ».

LE SYNDROME DE TROIE[1]

Bernard Teyssié,
professeur émérite à l'université Panthéon-Assas (Paris II),
président honoraire de l'université

1 – Festoiement. – Trois en un... Le comité social et économique en lieu et place, dans les entreprises d'au moins cinquante salariés, du comité d'entreprise, des délégués du personnel et du CHSCT... N'y avait-il pas là matière à enthousiasmer les organisations patronales, du Medef à la CPME en passant par l'UIMM, l'UIC, la FNTP... ? Cette réduction à l'unité suscita, en son principe, tant de satisfaction que sa réalisation par simple addition, à quelques aménagements près, des moyens et des missions des instances disparues ne retint peut-être pas autant l'attention qu'elle l'aurait mérité. L'absence, sur cette fusion, de forte réaction syndicale aurait cependant pu alimenter quelques interrogations. Mettre cette relative modération sur le compte des difficultés que les syndicats, souvent, rencontrent lorsque vient le temps d'établir les listes de candidats à l'exercice de fonctions représentatives était sans doute un peu court. Murmures, conciliabules, conversations d'antichambre, dessinaient une autre explication : le choix effectué par les pouvoirs publics de procéder non par création d'une instance réellement nouvelle, d'une gestion simplifiée, exonérée de nombre des contraintes attachées à celles auxquelles elle avait vocation à succéder, mais par fusion de ces dernières et addition de leurs moyens et de leurs missions était de nature à faire glisser l'entreprise, bien plus qu'auparavant, dans un schéma de type cogestionnaire. Cette dimension de la réforme, à supposer qu'ils l'aient perçue, n'inquiéta pas les chefs d'entreprise ou, du moins, leurs

(1) Ndlr : cette étude est issue de l'intervention de l'auteur au colloque organis le 1er juin 2018, sous la présidence de Pierre-Andr Imbert et Laurence Pécaut-Rivolier, par le Laboratoire de droit social de l'universit Panthéon-Assas (Paris II), sur le thème « Le comit social et économique ».

représentants : le chœur des troyens célébra, parfois à grand bruit, la marche vers l'unité **(1).** Au demeurant, au chef d'entreprise, moderne coryphée, qui aurait le goût de la cogestion, l'instrument de sa pleine réalisation est offert : procéder à la métamorphose conventionnelle du comité social et économique en conseil d'entreprise, seul apte à négocier les conventions et accords collectifs dont la conclusion est requise ou souhaitée. Hors de toute ambition cogestionnaire, la réduction des délégués syndicaux à la portion congrue, fruit de la métamorphose précédente, peut aussi exercer quelque attrait sur des chefs d'entreprise tentés de goûter aux charmes du « quatre en un » **(2).**

I. Le chœur

2 – Liesse. – Les troyens sont en liesse : le cheval est dans Troie. La tâche fut difficile : il fallut abattre une partie des portes de la cité pour qu'il puisse y pénétrer. Sans doute y aurait-il pu y avoir là matière à inquiétude. Mais le chant triomphant des rhapsodes (A) empêchait que fût entendu le murmure réprobateur des aèdes et les avertissements de Cassandre (B).

A. – Le chant des rhapsodes

3 – Simplicité. – La liesse de nos modernes rhapsodes patronaux lorsque vint le comité social et économique s'est d'abord nourrie du refrain de la simplicité, à l'infini psalmodié. Il est vrai qu'il y avait quelque raison de l'entonner, du moins dans les entreprises atteignant le seuil de cinquante salariés. Constitue un facteur de simplification, au temps de la mise en place de l'instance, outre le fait de n'avoir à organiser qu'une élection au lieu de trois, l'ouverture donnée à la seule décision du chef d'entreprise pour l'identification, faute d'accord avec les délégués syndicaux ou le comité social et économique, à le supposer déjà constitué, d'éventuels établissements distincts *(C. trav., art. L. 2313-4)*. Est source de simplification, une fois passé le cap de sa constitution, le fait de n'avoir à réunir qu'une seule instance de représentation du personnel au lieu de trois. Sont par là-même réglés les problèmes d'articulation naguère apparus lorsqu'une même question relevait à la fois de la compétence du comité d'entreprise et de celle du CHSCT. Les retards, et les conflits, qu'engendrait cette double consultation appartiennent désormais au passé. La dispense de consultation du comité sur les questions traitées dans les accords relatifs à la gestion prévisionnelle des emplois et des compétences participe aussi de la rubrique « simplification » *(C. trav., art. L. 2312-14)* tout autant que l'éventualité que, sur plusieurs thèmes, soit formulé un avis unique embrassant l'ensemble des points soumis à l'appréciation du comité *(C. trav., art. L. 2312-19, al. 6)*. Que la mise en place de la commission santé, sécurité et conditions de travail ne soit légalement requise que dans les entreprises d'au moins trois cents salariés et non, comme tel était naguère le cas pour le CHSCT, dès l'instant où est atteint le seuil de cinquante salariés, contribue à étoffer la rubrique précédente.

Mais que la substitution du comité social et économique aux instances sur les décombres desquelles il a été créé soit parfois un facteur de simplification ne saurait dissimuler que tel n'est pas toujours le cas. Dans les entreprises dont l'effectif est compris entre onze et moins de cinquante salariés, il serait surprenant que la substitution du comité social et économique aux délégués du personnel soit perçue comme un facteur de simplification : le gain est nul s'agissant du nombre d'instances de représentation du personnel qu'elles ont à gérer ; les contraintes nées, quelles que soient les précautions prises, de la présence d'un comité tripartite dont rien n'exclut que lui soit un jour jurisprudentiellement reconnue la personnalité morale, peuvent leur faire regretter rapidement les temps passés.

Le doute, sur le volet « simplification », peut également naître, dans les entreprises d'au moins trois cents salariés, de la présence d'une commission santé, sécurité et conditions de travail conçue comme l'héritière, sans disposer néanmoins de tous ses atours, du CHSCT : sa mise en place dans les entreprises divisées en établissements distincts dont tous n'atteignent pas le seuil de trois cents salariés, la détermination exacte de sa compétence, l'articulation de son action avec celle du comité en formation plénière sont, entre autres, de nature à susciter bien des difficultés. Sans doute, à s'en tenir à la lettre des textes, la plupart peuvent-elles être évitées si le comité décide de ne déléguer aucune de ses attributions à la commission constituée *(C. trav., art. L. 2315-38)*. Mais ce qui est juridiquement concevable ne l'est pas toujours socialement.

L'introduction de représentants de proximité ressuscitant, avec des moyens et des missions conventionnellement définis, les délégués du personnel, peut également être source de complexité *(C. trav., art. L. 2313-7)*. Encore faut-il qu'elle soit acceptée par le chef d'entreprise puisque leur irruption suppose la conclusion d'un accord. Mais dès lors que leur présence est demandée avec insistance par ses interlocuteurs – à moins qu'ils ne préfèrent jouer la carte d'un comité puissant, ne délégant aucune de ses compétences – saura-t-il, pourra-t-il y résister ? La complexité, ici, n'est pas directement créée par le législateur mais elle l'est indirectement dans la mesure où il ouvre la porte à la présentation de revendications qui, si elles sont satisfaites, ce qui risque d'être souvent le cas, éloignent un peu plus la nouvelle carte de la représentation du personnel de la simplicité *a priori* recherchée.

4 – Adaptabilité. – Inscrivant au passage à leur crédit des mesures déjà présentes dans la loi du 17 août 2015[2], les promoteurs et auteurs de l'ordonnance portant création du comité social et économique[3] n'ont pas manqué de souligner l'adaptabilité du dispositif adopté, une place majeure, au-delà des seules additions de missions ou de moyens, étant accordée à des aménagements opérés par voie d'accord collectif, voire d'accords conclus avec le comité social et économique, permettant d'échapper au jeu de normes supplétives inadaptées au kaléidoscope du réel. Même s'il emprunte beaucoup à un passé récent, le propos n'en demeure pas moins fondé ; mais il est aussi porteur d'une charge d'incertitude, singulièrement pour fixer le régime juridique de certains des accords visés, et d'une part d'illusion. La négociation d'un accord collectif a d'abord vocation à être conduite avec des délégués syndicaux désignés par les syndicats représentatifs dans l'entreprise. Or, l'amoindrissement aujourd'hui constaté de la place reconnue par les pouvoirs publics aux confédérations syndicales est de nature à emporter, au-delà d'un affaiblissement supplémentaire de celles-ci, celui des fédérations qu'elles agglomèrent et, à travers elles, des syndicats qu'elles rassemblent avec, au bout du compte, une perte d'audience privant ces derniers du label de représentativité. Pourrait, dans la foulée, être constatée une augmentation du nombre de situations dans lesquelles nulle organisation n'atteint dans l'entreprise le seuil de 10 % des suffrages exprimés lors des dernières élections professionnelles, l'affaiblissement relevé s'étant accompagné d'une fragmentation supplémentaire du tissu syndical. Demeure certes ouverte, s'il n'est plus de syndicat représentatif dans l'entreprise, donc plus de délégués syndicaux, la voie d'un accord négocié avec les membres du

(2) *L. n° 2015-994, 17 août 2015, relative au dialogue social et l'emploi : JO 18 août 2015.*

(3) *Ord. n° 2017-1386, 22 sept. 2017, relative la nouvelle organisation du dialogue social et économique dans l'entreprise et favorisant l'exercice et la valorisation des responsabilités syndicales : JO 23 sept. 2017 ; JCP S 2017, 1313, étude J.-Y. Kerbourc'h.*

comité social et économique et conclu avec lui lorsque ses membres ont débattu avec le chef d'entreprise sans mandat syndical *(C. trav., art. L. 2232-25)*. Mais comment le comité sera-t-il alors composé ? Si les syndicats ont finalement disparu de l'entreprise – ce qui, au demeurant, est déjà souvent le cas – il ne le sera que d'élus de second tour dont il n'est pas avéré qu'ils constitueront, pour le chef d'entreprise, des interlocuteurs plus pertinents, pour la négociation d'accords collectifs, que des délégués syndicaux. Il pourrait en aller de même si le chef d'entreprise, tenté par l'aventure, décidait de conclure, tant que subsistent des délégués syndicaux, un accord métamorphosant le comité social et économique en conseil d'entreprise, apte à négocier tous contrats collectifs... et précipitant la fin de délégués syndicaux renvoyés au seul exercice de fonctions de représentation pimentées de revendications.

Mais il est encore place pour un autre scénario : les élections professionnelles organisées se terminent par un procès-verbal de carence, faute de la dynamique induite par des syndicats, donc par une absence de comité social et économique. La voie de la négociation d'un accord collectif devient, en ce cas, très étroite *(C. trav., art. L. 2232-26)* alors même que l'entreprise peut aspirer à la conclusion d'un tel accord, requise pour que puissent être mis en œuvre certains dispositifs légaux.

5 – Responsabilité. – À la célébration des mérites du comité social et économique une stance supplémentaire a été parfois ajoutée tenant à la « responsabilisation » des acteurs, voire des partenaires de cette instance de représentation du personnel :

– « responsabilisation » des membres du comité qu'emporte l'exercice de la faculté, qui leur est souvent ouverte, de s'engager dans la négociation d'un accord avec le chef d'entreprise, notamment, en l'absence de délégués syndicaux, pour fixer le contenu, la périodicité et les modalités des consultations récurrentes du comité, le nombre de ses réunions, dans la limite d'un minimum de six par an, le délai dans lequel, consultés, les membres du comité devront exprimer leur avis *(C. trav., art. L. 2312-19)*, facteur de « responsabilisation » auquel offre prolongement l'ouverture d'une faculté similaire en ce qui concerne les consultations ponctuelles *(C. trav., art. L. 2312-55)* ;

– « responsabilisation » du comité, considéré de manière globale, en sa qualité d'entité en charge de la représentation du personnel, dans les circonstances où lui est imposé le paiement d'une fraction des honoraires des experts auxquels il est en droit de recourir *(C. trav., art. L. 2315-80)* ou lorsque obstacle est mis à d'éventuels transferts de reliquats du budget de fonctionnement à celui destiné au financement des activités sociales et culturelles dès lors qu'il s'est révélé incapable d'assumer l'obligation précédente faute d'avoir correctement mesuré l'ampleur de la charge financière induite par l'intervention des experts sollicités *(C. trav., art. L. 2315-61, al. 5)* ;

– « responsabilisation » des experts auxquels le comité a recours lorsque leur sont rappelés leurs devoirs, qui n'ont d'ailleurs rien que de très classique *(C. trav., art. L. 2315-82 et s.)*, ou lorsque sont précisément fixés les délais dans lesquels ils doivent rendre leur rapport *(C. trav., art. L. 2315-85)*.

Mais sur ce thème de la « responsabilisation » du comité et de ses experts, comme sur d'autres, les promoteurs du comité social et économique ont souvent cédé à la tentation de parer leur œuvre de mérites déjà acquis, à propos du comité d'entreprise, depuis l'entrée en vigueur de la loi n° 2015-994 du 17 août 2015[4].

B. – Le murmure des aèdes

6 – Vers la cogestion. – La liesse des troyens, les chants des rhapsodes ont englouti le murmure des aèdes rappelant que si, naguère, les dirigeants du Medef et, avant eux, jadis, ceux du CNPF s'étaient montrés hostiles à l'idée, un temps défendue par le Centre des jeunes dirigeants, de constituer une instance unique de représentation du personnel, ce n'était peut-être pas sans raison. Peut-être se souvenaient-ils que diviser est souvent le meilleur moyen de régner. Peut-être étaient-ils habités par quelque réminiscence de la victoire d'Horace sur des Curiace combattant en ordre dispersé. Mais de leurs réserves ou réticences, Troie n'avait plus le souvenir. L'heure était à la célébration, dans les entreprises d'au moins cinquante salariés, de la fusion du comité d'entreprise, des délégués du personnel et du CHSCT en une instance unique. Sa réalisation par simple addition, pour l'essentiel, des moyens et missions des instances disparues, aurait cependant mérité davantage d'attention que celle qui lui fut accordée. Que le comité social et économique puisse exercer les droits d'alerte naguère reconnus soit aux délégués du personnel, soit au comité d'entreprise *(C. trav., art. L. 2312-59 et s.)*, qu'il puisse solliciter le concours aussi

(4) V. note 1.

bien des experts auxquels était en droit de recourir le comité d'entreprise que de ceux offerts à la décision du CHSCT *(C. trav., art. L. 2315-94)*, qu'il soit destinataire de l'ensemble des informations délivrées aux instances auxquelles il succède et soit appelé à donner son avis sur l'ensemble des projets auparavant soumis à l'une ou l'autre de ces instances *(C. trav., art. L. 2312-1 et s.)*, en fait déjà un organe particulièrement puissant de représentation du personnel… dont la puissance est encore accrue par l'élargissement des circonstances dans lesquelles lui est reconnue la capacité de négocier et conclure un contrat collectif.

Tout à leur célébration de l'unité, nos modernes troyens ont-ils clairement perçu que le comité social et économique, tel qu'il a été organisé, fait glisser l'entreprise vers une cogestion qui, sans être « parfaite », est d'un degré sensiblement supérieur à celui qu'emportait la présence du comité d'entreprise ? Ont-ils clairement perçu qu'il est en situation de devenir un interlocuteur quasi-permanent du chef d'entreprise, ce dernier devant solliciter son avis sur à peu près tous ses projets et devant négocier avec ses membres, en l'absence de délégués syndicaux, au minimum, les accords collectifs nécessaires à la mise en œuvre des dispositions légales subordonnant leur application à la conclusion de tels accords *(C. trav., art. L. 2232-25)* ?

Mais parce que rien n'exclut que le chef d'entreprise entende aller plus avant dans le partage du pouvoir, lui est offert le moyen de basculer dans le nirvana cogestionnaire : assurer la métamorphose du comité social et économique en conseil d'entreprise.

II. Le coryphée

7 – Messine. – Outre l'amateur de cogestion, la métamorphose conventionnelle du comité social et économique en conseil d'entreprise peut séduire le chef d'entreprise intéressé par la perspective de réduire les délégués syndicaux à la portion congrue en les privant de ce qui constitue aujourd'hui l'essentiel de leur mission : la négociation des conventions et accords collectifs d'entreprise. Il risque fort, néanmoins, au fil de sa navigation, de découvrir qu'il a mis le cap sur Charybde (A) sans être sûr, pour autant, d'éviter les récifs de Scylla (B).

A. – Charybde

8 – Co-décision. – Passer du comité social et économique au conseil d'entreprise ne se traduit pas par un simple changement de degré dans l'organisation de la représentation du personnel dans l'entreprise, emportant au profit de ceux qui l'assurent l'addition de quelques moyens ou missions supplémentaires. Le basculement opéré induit un changement profond du mode de gestion de l'entreprise : le chef de cette dernière est placé en situation de devoir s'accorder avec le conseil créé sur un nombre de questions qui, au gré de l'accord porteur de ce basculement, peut se révéler considérable.

Seul compétent pour négocier les conventions et accords collectifs d'entreprise, le conseil d'entreprise est en position de co-décideur sur l'ensemble des thèmes relevant de ce mode de production normative *(C. trav., art. L. 2321-1).*

Que la mise en œuvre d'un projet soit suspendue à son avis conforme dès lors qu'il relève de l'une des rubriques où un tel avis est requis, dont la liste, au-delà de celles déjà visées par le législateur, a été arrêtée par l'accord portant métamorphose du comité social et économique en conseil d'entreprise, renforce cette position *(C. trav., art. L. 2321-3).*

Née d'un accord à durée indéterminée, cette métamorphose peut, en principe, prendre fin, emportant résurrection du comité social et économique. Il est cependant loin d'être acquis que ce retour en arrière soit, en pratique, concevable. S'il devait engendrer trop de tensions le chef d'entreprise pourrait hésiter à le provoquer.

B. – Scylla

9 – Exacerbation. – Privés de leur rôle essentiel, la négociation des conventions et accords collectifs d'entreprise, les délégués syndicaux sont cantonnés, dès lors qu'est établi un conseil d'entreprise, à la fonction de promotion de l'organisation qui les a désignés, d'animation de la vie syndicale et de présentation de revendications visant à l'amélioration des conditions de travail des salariés, de leur sécurité, de leur rémunération, etc. Ce cantonnement peut finir par provoquer leur disparition faute qu'à leur présence s'attache un réel intérêt. Mais en attendant cette éventuelle extinction, il peut se traduire par une exacerbation de leur action revendicative sans les bornes qui naissent du contact avec la réalité de la situation économique et financière de l'entreprise qu'induit la participation à la négociation de conventions ou accords collectifs. Tenus éloignés de la table de négociation, les délégués syndicaux risquent de rompre avec cette réalité, donc de s'enfermer dans des revendications économiquement ou financièrement déraisonnables… entraînant dans leur sillage la communauté des salariés, ou une fraction de celle-ci, dans un mouvement de grève lourd de dangers pour l'entité au sein de laquelle ils exercent leur activité, en tout ou partie paralysée.

10 – Erosion. – Le modèle d'entreprise dans lequel s'exerce sans contrainte le pouvoir de direction du chef d'entreprise appartient depuis longtemps au passé. De consultations en négociations obligatoires, il a depuis longtemps subi une considérable érosion.La montée en puissance de la catégorie des « salariés-administrateurs » l'a accrue. L'irruption du comité social et économique y contribue. Sa métamorphose en conseil d'entreprise peut emporter un basculement complet dans un autre schéma, de type cogestionnaire. Sans doute est-il de nature à satisfaire les tenants d'un « pouvoir partagé », à égalité ou quasi égalité entre le chef d'entreprise et les détenteurs du capital d'une part, les apporteurs de « force de travail » d'autre part. Mais constitue-t-il le plus sûr vecteur de développement de l'entreprise, d'amélioration de sa compétitivité, de résistance aux assauts d'une concurrence mondialisée, de conquête de nouveaux marchés sur des terres lointaines ? Il est permis d'en douter, avec le risque que, de l'entreprise et des emplois dont elle était le réceptacle, il ne reste bientôt rien... Au pays des mirages, il est peu d'oasis...

MOTS-CLÉS : *Comité social et économique – Régime*

TEXTES : *Ord. n° 2017-1386, 22 sept. 2017*

JURISCLASSEUR : *Travail Traité, fasc. 14-2 et 14-3, par J.-Y. Kerbourc'h*

Annexe

CSE : 100 questions-réponses

Min. Trav., 19 avr. 2018

Introduction

En créant une instance unique de dialogue social, le comité social et économique, se substituant aux **trois instances de représentation du personnel que sont le comité d'entreprise (CE), les délégués du personnel (DP) et le comité d'hygiène, de sécurité et des conditions de travail (CHSCT)**, l'ordonnance n° 2017-1386 du 22 septembre 2017 relative **à la nouvelle organisation du dialogue social et économique dans l'entreprise et favorisant l'exercice et la valorisation des responsabilités syndicales** a réformé profondément le paysage de la représentation du personnel dans l'entreprise.

Afin d'apporter des réponses concrètes aux questions que peuvent se poser les acteurs de la vie de l'entreprise (salariés, employeurs, représentants du personnel notamment) sur la mise en place du comité social et économique et la gestion de la période transitoire jusqu'au 31 décembre 2019, les attributions du CSE, son fonctionnement ou bien encore sur le rôle des représentants, le ministère du Travail a élaboré une première série de 100 questions – réponses. Il sera suivi d'autres Q/R sur les autres réformes portées par les ordonnances.

CHAPITRE 1 – Présentation générale

1. Qu'est-ce que le comité social et économique ?

Le comité social et économique (CSE), institué par les articles L. 2311-1 et suivants du Code du travail, est l'instance représentative du personnel amenée à se substituer :

• aux actuels délégués du personnel dans les entreprises d'au moins 11 salariés ;

• dans les entreprises d'au moins 50 salariés aux trois instances, délégués du personnel, comité d'entreprise et comité d'hygiène, de sécurité et des conditions de travail ou, le cas échéant, à la délégation unique du personnel ou à l'instance regroupée.

Auparavant la loi rendait possible des regroupements, comme la délégation unique du personnel (DUP) ou l'instance regroupée. Désormais, la fusion des trois anciennes instances de représentation du personnel est obligatoire.

Le comité social et économique constitue désormais l'instance unique de représentation du personnel dans l'entreprise, exerçant des attributions qui évoluent en fonction des effectifs de l'entreprise.

2. Qu'advient-il des attributions des anciennes instances représentatives du personnel de l'entreprise ?

Dans les entreprises d'au moins 11 salariés et de moins de 50 salariés, les attributions des délégués du personnel sont désormais exercées par le comité social et économique (*C. trav., art. L. 2312-5 et L. 2312-6*).

Dans les entreprises d'au moins 50 salariés, les attributions des délégués du personnel, du comité d'entreprise et du comité d'hygiène, de sécurité et des conditions de travail sont désormais exercées par le comité social et économique (*C. trav., art. L. 2312-8 à L. 2312-84*).

3. La mise en place du comité social et économique est-elle obligatoire ?

La mise en place du comité social et économique est obligatoire dans les entreprises dont l'effectif atteint au moins 11 salariés pendant 12 mois consécutifs (*C. trav., art. L. 2311-2*).

Dans les entreprises déjà pourvues d'instances représentatives du personnel, le comité social et économique doit être mis en place au terme des mandats des élus, et au plus tard, le 31 décembre 2019, fin de la période transitoire (*Ord. n° 2017-1386, 22 sept. 2017, art. 9, II*).

Au 1er janvier 2020, tous les mandats des anciennes instances représentatives du personnel auront pris fin et le comité social et économique devra avoir été institué dans toutes les entreprises d'au moins 11 salariés.

CHAPITRE 2 – Période transitoire

4. Quand doit-être mis en place le comité social et économique ?

Une période de transition a été prévue à l'article 9 de l'ordonnance n° 2017-1386 du 22 septembre 2017 afin d'assurer progressivement le passage des anciennes instances de représentation du personnel vers le nouveau comité social et économique. Cette période court à compter de la publication des ordonnances, c'est-à-dire le 23 septembre 2017 et s'achève au plus tard le 31 décembre 2019.

Le comité social et économique doit être mis en place dès la fin des mandats des élus du personnel survenant à compter du 1er janvier 2018 et au plus tard le 31 décembre 2019.

L'ordonnance donne aux acteurs de l'entreprise la possibilité d'anticiper cette mise en place ou, au contraire de la reporter, si l'entreprise a besoin de temps pour s'organiser. Pour ce faire, elle permet la réduction ou la prorogation des mandats des membres des anciennes institutions représentatives du personnel en cours, au plus tard jusqu'au 31 décembre 2019.

Ainsi, lorsque les mandats arrivent à échéance au cours de l'année 2018 ou 2019, le comité social et économique doit en principe être mis en place. Néanmoins, il est possible de proroger ou de réduire les mandats arrivant à échéance en 2018, et de réduire les mandats arrivant à échéance en 2019, pour une durée maximale d'un an par un accord d'entreprise ou une décision unilatérale de l'employeur prise après consultation du comité d'entreprise, ou à défaut des délégués du personnel ou, le cas échéant, de la délégation unique du personnel ou de l'instance regroupée.

De même, dans les entreprises dans lesquelles le terme des mandats des différentes instances ne coïncide pas, il est possible de procéder à la prorogation ou à la réduction de leur durée selon les mêmes modalités afin de faire coïncider leur échéance avec la date de mise en place du comité social et économique, et, le cas échéant pour les entreprises comportant plusieurs établissements, avec celle du comité social et économique d'établissement et du comité social et économique central.

Exemple

Exemple 1 : Le mandat des élus du comité d'entreprise est arrivé à échéance le 17 novembre 2017.

Que faire ? L'ordonnance a prévu que les mandats des anciennes instances représentatives du personnel arrivant à échéance entre le 22 septembre 2017, date de la publication des ordonnances et le 31 décembre 2017, date limite de parution des décrets d'application, sont automatiquement prorogés jusqu'à cette date (*Ord. n° 2017-1386, 22 sept. 2017, art. 9, II, 2°*).

Cette prorogation automatique a permis aux entreprises concernées d'attendre la date de la parution des décrets d'application pour organiser les élections professionnelles et mettre en place le comité social et économique. Un accord ou une décision unilatérale de l'employeur après consultation du comité d'entreprise ou à défaut des délégués du personnel peut à nouveau les proroger jusqu'au 31 décembre 2018, à condition que la nouvelle décision intervienne avant l'échéance du 31 décembre 2017.

Il est donc possible de mettre en place le comité social et économique dès à présent, ou de proroger les mandats des anciennes instances représentatives du personnel jusqu'au 31 décembre 2018 au plus tard. Le décret n° 2017-1819 du 29 décembre 2017 précise les modalités de mise en œuvre du comité social et économique.

Exemple 2 : Un accord a été négocié le 12 décembre 2017 pour proroger d'un an le mandat des élus du comité d'entreprise. Cet accord est-il valable ?

Oui. Entre le 12 décembre et le 31 décembre 2017, les mandats des élus ont été automatiquement prorogés jusqu'à cette date. L'ordonnance rend possible la prorogation des mandats des instances arrivant à échéance entre le 1er janvier et le 31 décembre 2018 par accord, ou par décision unilatérale de l'employeur, prise après consultation des instances concernées. Cette prorogation est d'une durée maximale d'un an à compter de l'échéance du mandat. L'accord conclu le 12 décembre 2017 sera donc valable mais ne commencera à produire utilement ses effets qu'à compter du 1er janvier 2018 (*Ord. n° 2017-1386, 22 sept. 2017, art. 9, II, 2° et 3°*).

Exemple 3 : Dans une entreprise, les mandats des différentes instances prennent fin respectivement en 2018 et 2019. Peut-on choisir librement la date d'organisation des élections ?

Non. L'entreprise devra organiser ces élections soit en prorogeant le mandat prenant fin en 2018 pour le faire coïncider avec celui prenant fin en 2019, soit en réduisant le mandat prenant fin en 2019 pour le faire coïncider avec le terme du mandat prenant fin en 2018, date à laquelle seront organisées les élections (*Ord. n° 2017-1386, 22 sept. 2017, art. 9, III*).

5. Comment proroger ou réduire les mandats des élus des anciennes instances représentatives du personnel de l'entreprise ?

La prorogation ou la réduction des mandats peut être décidée soit par un accord collectif de droit commun, soit par une décision unilatérale de l'employeur prise après consultation du comité d'entreprise, ou, à défaut, des délégués du personnel ou le cas échéant, de la délégation unique du personnel ou de l'instance regroupée *(Ord. n° 2017-1386, 22 sept. 2017, art. 9, II, 2° et 3° et III)*.

6. Est-il possible de proroger plusieurs fois les mandats des élus des anciennes instances représentatives du personnel ?

Oui. Les dispositions transitoires et finales de l'ordonnance ne limitent pas le nombre de prorogations ou de réductions des mandats possibles. Elles limitent seulement à un an la durée totale de la prorogation ou de la réduction des mandats *(Ord. n° 2017-1386, 22 sept. 2017, art. 9, II)*.

7. Dans quelles conditions la prorogation ou la réduction de la durée des mandats des élus des anciennes instances représentatives du personnel arrivant à échéance en 2019 peut-elle intervenir ?

Il sera possible de réduire la durée des mandats des élus des anciennes instances représentatives du personnel arrivant à échéance en 2019 pour une durée maximale d'un an, par accord collectif ou par décision de l'employeur prise après consultation du comité d'entreprise, ou, à défaut, des délégués du personnel, ou le cas échéant, de la délégation unique du personnel ou de l'instance regroupée *(Ord. n° 2017-1386, 22 sept. 2017, art. 9, II, 4°)*.

Exemple

Exemple 1 :

Dans une entreprise de 75 salariés, les mandats des membres du comité d'entreprise et des délégués du personnel arrivant à échéance le 28 octobre 2019. L'employeur pourra décider, après avoir consulté le comité d'entreprise, de réduire la durée de leur mandat pour an maximum (28 octobre 2018), afin d'anticiper la mise en place du comité social et économique.

La prorogation des mandats arrivant à terme en 2019 ne sera en revanche possible qu'afin de faire coïncider leur échéance avec la date de mise en place du comité social et économique. En 2019, une prorogation des mandats ne pourra intervenir que dans l'hypothèse où dans l'entreprise, les échéances des mandats ne seraient pas harmonisées *(Ord. n° 2017-1386, 22 sept. 2017, art. 9, III)*.

Exemple 2 :

Une entreprise est composée de trois établissements, situés à Besançon, Dijon et Perros-Guirec, au sein desquels sont élus des délégués du personnel. La date des élections professionnelles de ces établissements n'est pas harmonisée. Les mandats des délégués du personnel arrivent à échéance le

31 janvier 2019 dans l'établissement de Besançon, le 5 mars 2019 dans l'établissement de Dijon et le 10 décembre 2019 dans l'établissement de Perros-Guirec. Dans cette hypothèse, la durée des mandats des élus de ces établissements ne pourra être prorogée que pour faire coïncider leur échéance avec la date de mise en place du comité social et économique. Un accord d'entreprise ou une décision de l'employeur prise après consultation des délégués du personnel pourrait décider de :

• proroger la durée des mandats des élus des établissements de Besançon et de Dijon jusqu'au 10 décembre 2019, pour l'aligner sur l'échéance des mandats de Perros-Guirec.

• de réduire la durée des mandats des élus des établissements de Dijon et de Perros-Guirec afin de faire coïncider leur échéance avec celle des mandats des élus de l'établissement de Besançon, à savoir le 31 janvier 2019.

8. Qu'advient-il de l'instance regroupée mise en place dans l'entreprise par accord collectif ?

Tout comme les délégués du personnel, le comité d'entreprise, le comité d'hygiène, de sécurité et des conditions de travail et la délégation unique du personnel, l'instance regroupée a vocation à être remplacée par le comité social et économique à l'échéance des mandats des membres qui la composent, donc au plus tard au 1er janvier 2020 (*Ord. n° 2017-1386, 22 sept. 2017, art. 9, II*).

9. Un protocole d'accord préélectoral a été conclu dans l'entreprise antérieurement à la date de publication des ordonnances en vue de constituer ou de renouveler les instances représentatives du personnel.

Un comité social et économique doit-il tout de même être mis en place ?

Les élections doivent être organisées conformément au protocole d'accord préélectoral, et donc aux dispositions du Code du travail en vigueur avant la publication de l'ordonnance pour mettre en place des délégués du personnel, et, si l'entreprise a plus de 50 salariés, un comité d'entreprise et un comité d'hygiène de sécurité et des conditions de travail. Dans cette hypothèse, le comité social et économique doit être mis en place avant le 1er janvier 2020. Néanmoins, un accord collectif, ou une décision unilatérale de l'employeur prise après consultation du comité d'entreprise (ou à défaut des délégués du personnel), pourra fixer une date antérieure de mise en place du comité social et économique (*Ord. n° 2017-1386, 22 sept. 2017, art. 9, II, 1°*).

10. Un procès-verbal de carence aux élections des délégués du personnel et du comité d'entreprise a été établi le 3 juin 2015. Un comité social et économique doit-il être mis en place au 1er janvier 2018 ?

Le procès-verbal de carence établi antérieurement à la publication des ordonnances conserve sa valeur pour la durée des mandats de l'élection à laquelle il se rapporte. En conséquence, si ces mandats étaient de 4 ans, il sera valable jusqu'au 3 juin 2019.

Lorsqu'une organisation syndicale ou un salarié de l'entreprise le demande, l'employeur doit, dans le mois qui suit la demande, engager la procédure électorale *(C. trav., art. L. 2314-8)*.

Toutefois, l'employeur n'est pas contraint d'attendre l'expiration du délai de quatre ans pour engager le processus électoral et peut anticiper la mise en place du comité social et économique en engageant le processus avant juin 2019.

11. L'organisation d'élections simultanées au sein des différents établissements de l'entreprise est-elle une obligation ?

Il peut être souhaitable que les élections des comités sociaux et économiques d'établissement se déroulent à la même date de manière à procéder ensuite à l'élection des membres du comité social et économique central. C'est pourquoi l'ordonnance prévoit la possibilité de proroger ou de réduire les durée des mandats des représentants du personnel dans les entreprises comprenant plusieurs établissements, afin d'organiser le même jour l'ensemble des élections de mise en place du comité social et économique dans chacun des établissements. Néanmoins, l'organisation simultanée des élections dans l'ensemble des établissements de l'entreprisen'est pas une obligation. L'employeur pourra mettre en place les comités sociaux et économiques d'établissement à mesure qu'arriveront à échéance les mandats des membres des différents comités d'établissement *(Ord. n° 2017-1386, 22 sept. 2017, art. 9, III)*.

12. Quelles sont les règles régissant les anciennes institutions représentatives du personnel à compter du 1er janvier 2018 et pendant toute la période transitoire ?

Les délégués du personnel, le comité d'entreprise, le comité d'hygiène, de sécurité et des conditions de travail, la délégation unique du personnel et l'instance regroupée demeurent soumis aux dispositions qui leur étaient propres avant l'entrée en vigueur de l'ordonnance, et ce, jusqu'à leur disparition *(Ord. n° 2017-1386, 22 sept. 2017, art. 9, V)*.

En principe, les nouvelles dispositions concernant le comité social et économique ne peuvent s'appliquer aux anciennes instances représentatives du personnel pendant la période transitoire. Toutefois, il est possible de conclure, dans trois domaines, des accords qui permettront l'application de certaines modalités de fonctionnement du comité social et économique aux instances représentatives du personnel existantes à la date de leur conclusion. Il s'agit d'accords relatifs :

• au contenu et la périodicité des consultations récurrentes prévus à l'article L. 2312-19 ;

• à la base de données économiques et sociales prévue à l'article L. 2312-21 ;

• au contenu des consultations ponctuelles prévues à l'article L. 2312-55. *(Ord. n° 2017-1386, 22 sept. 2017, art. 8).*

13. Les accords collectifs d'entreprise relatifs aux anciennes instances représentatives du personnel sont-ils encore valables après la mise en place du comité social et économique ?

Non. Les stipulations des accords d'entreprise, des accords de branche et des accords couvrant un champ territorial ou professionnel plus large relatives aux anciennes instances représentatives du personnel cessent de produire effet à compter de la date du premier tour des élections des membre sde la délégation du personnel du comité social et économique *(Ord. n° 2017-1386, 22 sept. 2017, art. 9, VII).*

14. Les élections du comité social et économique viennent de se dérouler dans l'entreprise. J'étais déléguée du personnel et je n'ai pas été réélue, mon employeur m'a convoquée à un entretien préalable à licenciement.

Mon licenciement doit-il être autorisé par l'inspecteur du travail ?

Oui, pendant la période transitoire, les délégués du personnel, les membres du comité d'entreprise, du comité d'hygiène, de sécurité et des conditions de travail, de la délégation unique du personnel ou de l'instance regroupée par accord collectif bénéficient du statut protecteur dans les mêmes conditions que précédemment, soit pendant 6 mois à l'issue de leur mandat. Leur licenciement doit donc être autorisé par l'inspecteur du travail.

CHAPITRE 3 – Mise en place du comité social et économique

15. À partir de quel seuil d'effectifs la mise en place du comité social et économique devient-elle obligatoire ? La mise en place du comité social et économique est obligatoire dès lors que l'effectif de l'entreprise atteint au moins 11 salariés pendant 12 mois consécutifs *(C. trav., art. L. 2311-2)*.

Les modalités de calcul des effectifs sont identiques à celles qui existaient avant la réforme. Elles sont prévues aux articles L. 1111-1 à L. 1111-3 du Code du travail.

16. L'entreprise emploie 11 salariés. Au cours des 12 derniers mois, un salarié est parti à la retraite en août mais n'a été remplacé qu'au mois d'octobre. Est-ce que cela fait courir un nouveau délai de 12 mois ?

Les modalités de calcul sont identiques à celles qui existaient avant la réforme. Le calcul de l'effectif est réalisé mois par mois. Si, pour un mois donné, l'effectif de l'entreprise passe en deçà du seuil de 11 salariés, le décompte des 12 mois consécutifs repart de zéro.

17. Le comité social et économique disparait-il au moment où l'effectif de l'entreprise passe en dessous du seuil de 11 salariés ?

Non. Le comité social et économique continue d'exister jusqu'au terme des mandats de ses élus. Il ne sera pas renouvelé si, à l'expiration des mandats des élus, l'effectif de l'entreprise n'a pas atteint au moins 11 salariés depuis au moins 12 mois consécutifs *(C. trav., art. L. 2313-10)*.

Exemple

Exemple n° 1 L'effectif de l'entreprise passe sous le seuil de 11 salariés en janvier 2021 et se maintient à ce niveau jusqu'à l'échéance des mandats des élus du comité social et économique, en octobre 2021. À cette date, l'effectif de l'entreprise ne sera pas resté en-dessous du seuil de 11 salariés pendant 12 mois consécutifs. Le comité social et économique devra donc être renouvelé.

Exemple n° 2

L'effectif de l'entreprise passe sous le seuil de 11 salariés en septembre 2022 et se maintient à ce niveau jusqu'à l'échéance des mandats des élus du comité social et économique en septembre 2023. À cette date, l'effectif de l'entreprise sera resté en dessous du seuil de 11 salariés pendant 12 mois consécutifs. L'instance n'aura pas à être renouvelée.

Exemple n° 3

L'effectif de l'entreprise se maintient sous le seuil de 11 salariés de janvier 2020 à janvier 2022, c'est-à-dire pendant 24 mois. De février à mars, l'effectif de l'entreprise passe au-dessus du seuil de 11 salariés, avant de redescendre à 8 salariés, jusqu'à novembre 2022, date de l'échéance des mandats des élus du comité social économique. A cette date, l'effectif de l'entreprise ne sera resté en-dessous du seuil de 11 salariés que pendant 8 mois consécutifs. Le comité social et économique devra être renouvelé.

18. L'employeur doit-il accomplir des formalités spécifiques en cas de suppression du comité social et économique consécutive à une baisse des effectifs dans l'entreprise ?

Non. Aucune formalité spécifique n'est à réaliser.

19. Quel est le périmètre de mise en place du comité social et économique ?

Le comité social et économique est mis en place au niveau de l'entreprise, ou le cas échéant, au niveau des établissements distincts, ou dans le cadre d'une unité économique et sociale *(C. trav., art. L. 2313-1 et L. 2313-8)*.

Un accord collectif interentreprises peut prévoir la mise en place d'un comité social et économique interentreprises lorsque la nature et l'importance de problèmes communs aux entreprises d'un même site ou d'une même zone le justifient *(C. trav., art. L. 2313-9)*. Cet accord n'a pas pour effet de supprimer les comités sociaux et économiques des entreprises entrant dans son champ d'application.

20. Une entreprise comprend plusieurs établissements. À quel niveau mettre en place le comité social et économique ?

La création d'un comité social et économique d'établissement dépend de l'effectif de l'entreprise et non de celui de l'établissement. Si les établissements de l'entreprise n'ont pas la qualité d'établissement distinct, un comité social et économique est mis en place au niveau de l'entreprise et devra assurer la représentation de l'ensemble des salariés des établissements de l'entreprise *(C. trav., art. L. 2313-1)*.

21. Qu'est-ce qu'un établissement distinct ?

L'établissement distinct correspond à un cadre approprié à l'exercice des missions dévolues aux représentants du personnel. L'établissement distinct est une notion juridique, qui ne correspond pas nécessairement à un établissement physique et qui peut regrouper plusieurs établissements au sens de l'INSEE (SIRET). Son périmètre est déterminé par accord ou décision unilatérale de l'employeur. La détermination d'établissements distincts a pour objet de définir le niveau au sein duquel les représentants du personnel seront élus. Par conséquent, la reconnaissance d'un établissement distinct entraine pour l'employeur l'obligation d'y organiser des élections professionnelles.

Le découpage de l'entreprise en établissements distincts doit permettre d'assurer la représentation de tous les salariés de l'entreprise.

Exemple

Une entreprise de 200 salariés comporte 4 établissements :

- Établissement A = 25 salariés
- ÉtablissementB = 25 salariés
- ÉtablissementC = 75 salariés
- ÉtablissementD = 75 salariés

Découpage retenu pour les élections :

- Établissement distinct 1 = A+B = 50 salariés
- Établissement distinct 2 = C = 75 salariés
- Établissement distinct 3 = D = 75 salariés

Compte tenu du découpage retenu, l'entreprise devra organiser trois élections. Des comités sociaux et économiques d'établissement seront mis en place au niveau de chaque établissement distinct et un comité social et économique central sera mis en place au niveau de l'entreprise.

22. Un comité social et économique doit-il être mis en place dans chaque établissement de l'entreprise ?

Si au moins deux établissements de l'entreprise se sont vus reconnaître la qualité d'établissement distinct, des comités sociaux et économiques d'établissement doivent être mis en place au niveau de chaque établissement distinct. Des élections y seront alors organisées *(C. trav., art. L. 2313-1)*.

23. Comment le nombre et le périmètre des établissements distincts sont-ils déterminés ?

Le nombre et le périmètre des établissements distincts sont déterminés par un accord collectif, conclu entre, d'une part, l'employeur ou son représentant et, d'autre part, une ou plusieurs organisations syndicales de salariés représentatives ayant recueilli plus de 50 % des suffrages exprimés en faveur d'organisations représentatives au premier tour des dernières élections *(C. trav., art. L. 2313-12, al. 1er)*.

Il ne peut pas s'agir d'un accord signé par des organisations syndicales représentant 30 % des suffrages exprimés et validé par référendum *(C. trav., art. L. 2232-12, al. 2)*. S'il n'y a pas de délégué syndical dans l'entreprise, c'est l'accord conclu entre l'employeur et le comité social et économique, adopté à la majorité de ses membres élus titulaires qui fixe le nombre et le périmètre des établissements distincts *(C. trav., art. L. 2313-3)*.

En l'absence d'accord collectif majoritaire et en l'absence d'accord entre le comité social et économique et l'employeur, c'est une décision unilatérale de l'employeur qui fixe le nombre et le périmètre des établissements distincts *(C. trav., art. L. 2313-4)*.

24. En présence d'un délégué syndical dans l'entreprise, une négociation avec ce délégué est-elle obligatoire pour fixer le nombre et le périmètre des établissements distincts ?

Lorsqu'un délégué syndical est présent dans l'entreprise, l'employeur est tenu de négocier avec lui l'accord qui déterminera le nombre et le périmètre des établissements distincts. La négociation d'un accord avec le comité social et économique n'est pas possible, même en cas d'échec des négociations.

Ce n'est qu'en l'absence de délégué syndical, que l'employeur pourra conclure un accord avec le comité social et économique. Cet accord, adopté à la majorité des membres titulaires élus de la délégation du personnel du comité, peut déterminer le nombre et le périmètre des établissements distincts.

À défaut d'accord conclu dans les conditions précédemment mentionnées, le nombre et périmètre des établissements distincts sont déterminés par décision unilatérale de l'employeur *(C. trav., art. L 2313-2 à L. 2313-4)*.

25. Quel critère prendre en compte pour déterminer le nombre et le périmètre des établissements distincts ?

Lorsque le périmètre des établissements distincts est négocié dans le cadre de l'accord d'entreprise ou dans le cadre de l'accord avec le comité social et économique, la loi n'impose pas la prise en compte de critères spécifiques *(C. trav., art. L. 2313-2 et L. 2313-3)*. Ces critères peuvent donc être librement déterminés par les partenaires sociaux.

En revanche, lorsque le périmètre des établissements distincts est décidé unilatéralement par l'employeur, celui-ci doit le faire compte tenu de l'autonomie de gestion des chefs d'établissements notamment en matière de gestion du personnel *(C. trav., art. L. 2313-4)*.

26. Est-il possible de modifier le nombre et le périmètre des établissements distincts pendant l'application de l'accord, notamment en cas d'évolution de l'organisation de l'entreprise ?

Oui. Il peut être révisé selon les mêmes règles de révision que celles applicables à la révision d'un accord collectif *(C. trav., art. L. 2261-7-1)*. Le nouveau découpage ne sera effectif que lors des prochaines élections, au moment du renouvellement du comité social et économique.

27. Dans quelles conditions peut-on contester la décision unilatérale de l'employeur fixant le nombre et le périmètre des établissements distincts ?

La décision unilatérale de l'employeur peut être contestée par les organisations syndicales représentatives dans l'entreprise ou les organisations syndicales ayant constitué une section syndicale dans l'entreprise lorsque les négociations se sont déroulées avec le ou les délégués syndicaux. De même, elle peut être contestée par le comité social et économique lorsque les négociations se sont déroulées entre l'employeur et ce comité.

Cette contestation est formée devant le directeur régional des entreprises, de la concurrence, de la consommation, du travail et de l'emploi territorialement compétent (siège de l'entreprise) dans le délai de 15 jours à compter de la date à laquelle les organisations syndicales ou le comité social et économique ont été informés de la décision unilatérale de l'employeur *(C. trav., art. R. 2313-1)*.

Le directeur régional des entreprises, de la concurrence, de la consommation, du travail et de l'emploi prend sa décision dans un délai de deux mois à compter de la réception de la contestation. Sa décision peut faire l'objet d'un recours devant le tribunal d'instance dans le délai de 15 jours. Ce délai de 15 jours court à compter de la date de la notification de sa décision, ou, à la date à laquelle son silence vaut décision implicite de rejet *(C. trav., art. R. 2313-2)*.

Lorsqu'elle intervient dans le cadre d'un processus électoral global, la saisine de l'autorité administrative suspend ce processus jusqu'à la décision administrative et entraîne la prorogation des mandats des élus en cours jusqu'à la proclamation des résultats du scrutin *(C. trav., art. L. 2313-8)*.

28. Quelle est la fonction des représentants de proximité ?

Les représentants de proximité sont des représentants du personnel intervenant dans un champ de compétence plus restreint que celui du comité social et économique d'établissement ou que celui du comité social et économique qui l'a désigné. Leur mise en place peut être décidée dans l'accord collectif d'entreprise majoritaire déterminant le nombre et le périmètre des établissements distincts, afin d'éviter que la fusion des institutions représentatives du personnel au sein d'une instance unique (le comité social et économique) et l'unification du périmètre de la représentation du personnel qui en découle ne se traduisent, dans certains cas, par une centralisation excessive de cette représentation au niveau de l'entreprise.

L'accord collectif qui fixe le périmètre et le nombre des établissements distincts peut ainsi instituer des représentants de proximité. Cet accord a toute latitude pour adapter leur nombre, leurs attributions et leurs modalités de fonctionnement au regard des besoins identifiés dans l'entreprise en matière de représentation du personnel *(C. trav., art. L. 2313-7)*.

Par exemple, le représentant de proximité pourra être chargé de jouer un rôle en matière de présentation des réclamations individuelles ou collectives dans les différents sites géographiques de l'entreprise lorsque le périmètre des établissements distincts de l'entreprise retenu se situe à un niveau plus centralisé.

29. La mise en place de représentants de proximité dans l'entreprise est-elle obligatoire ?

La loi n'impose pas la mise en place de représentants de proximité dans l'entreprise. Les acteurs de l'entreprise conservent la liberté d'adapter la représentation du personnel aux besoins propres de chaque entreprise *(C. trav., art. L. 2313-7)*. Il est possible que dans une entreprise, le périmètre retenu pour fixer les établissements distincts se situe à un niveau de proximité suffisant, ne rendant pas nécessaire la mise en place de représentants de proximité.

30. Les représentants de proximité sont-ils nécessairement des membres du comité social et économique ?

Les représentants de proximité sont soit des membres du comité social et économique, soit des salariés de l'entreprise désignés par lui pour une durée qui prendra fin avec celle du mandat des membres du comité social et économique *(C. trav., art. L. 2313-7, al. 7)*.

31. Comment les représentants de proximité sont-ils choisis ?

Il revient à l'accord d'entreprise instituant les représentants de proximité de prévoir les modalités de leur désignation (*C. trav., art. L. 2313-7*).

Les représentants de proximité sont soit des membres du comité social et économique soit des personnes désignées par lui (*C. trav., art. L. 2313-7, al. 7*).

Par suite, l'accord d'entreprise ne pourra pas prévoir que les représentants de proximité sont désignés par les organisations syndicales représentatives parmi les salariés de l'entreprise L'accord ne pourra pas non plus prévoir que les représentants de proximité sont directement élus par les salariés du périmètre d'implantation concerné.

32. Les représentants de proximité ont-ils les mêmes garanties en termes d'accès aux locaux, de formation, de moyens, d'heures de délégation que les membres élus du comité social et économique ?

Peuvent-ils assister aux réunions du comité social et économique ?

Lorsque les représentants de proximité sont membres du comité social et économique, ils bénéficient des moyens garantis aux membres du comité. Si l'accord qui institue les représentants de proximité ne prévoit pas, pour les membres du comité social et économique, des heures de délégation supplémentaires, ils utilisent les heures de délégation de membre du comité social et économique pour exercer leurs fonctions de représentants de proximité.

Lorsqu'ils ne sont pas membres du comité social et économique, les représentants de proximité ne peuvent bénéficier « de plein droit » des mêmes droits que ceux reconnus aux membres du comité. Il revient à l'accord qui les institue de prévoir les moyens et les droits dont ils pourront bénéficier, notamment leur participation aux réunions du comité social et économique (*C. trav., art. L. 2313-7, 4°*).

33. Les représentants de proximité sont-ils des salariés protégés ?

Oui. Les représentants de proximité sont des salariés protégés, même lorsqu'ils ne sont pas membres du comité social et économique (*C. trav., art. L. 2411-11, 4°*). Le licenciement d'un représentant de proximité ou d'un candidat aux fonctions de représentant de proximité ne peut intervenir qu'après autorisation de l'inspecteur du travail (*C. trav., art. L. 2411-8 et L. 2411-9*).

CHAPITRE 4 – Composition

34. Qui sont les membres du comité social et économique ?

Le comité social et économique comprend l'employeur et une délégation du personnel comportant un nombre de membres déterminé par décret compte tenu des effectifs de l'entreprise ou de l'établissement distinct. La délégation du personnel comporte un nombre égal de titulaires et de suppléants *(C. trav., art. L. 2314-1)*. Dans les entreprises de moins de 300 salariés, le délégué syndical est, de droit, représentant syndical au comité social et économique *(C. trav., art. L. 2143-22)*. Dans les entreprises d'au moins 300 salariés, les organisations syndicales représentatives de l'entreprise peuvent nommer un représentant syndical au comité social et économique, choisi parmi les salariés de l'entreprise, qui dispose d'une voix consultative *(C. trav., art. L. 2314-2)*.

35. Comment déterminer le nombre d'élus du comité social et économique ?

Le nombre de membres de la délégation du personnel du comité social et économique est fixé par l'article *(C. trav., art. L. 2314-1 :* compte tenu du nombre de salariés présents dans l'entreprise ou dans l'établissement distinct. Le nombre de membres peut être toutefois modifié, à la hausse comme à la baisse, par le protocole d'accord préélectoral :

• le protocole d'accord préélectoral peut toujours prévoir des seuils plus favorables que ceux prévus par les dispositions réglementaires ;

• le protocole d'accord préélectoral peut prévoir un nombre d'élus inférieur à celui fixé à l'article R. 2314-1 du Code du travail, si le volume global des heures de délégation, au sein de chaque collège, est au moins égal à celui résultant des dispositions légales relatives à l'effectif de l'entreprise. Il sera donc possible de prévoir une diminution du nombre de membres dès lors que cette diminution se traduit par une augmentation équivalente du volume d'heures de délégation *(C. trav., art. L. 2314-7)*.

Par exemple, pour une entreprise de 180 salariés, le décret précise que la délégation du personnel du comité social et économique comprend 9 membres, disposant chacun de 21 heures de délégation mensuelles, soit un volume global de 189 heures de délégation. Le protocole d'accord préélectoral pourra réduire le nombre de membres à 7 tout en augmentant le nombre d'heures individuelles de délégation à 27, puisque le volume global de ces heures s'élèvera toujours à 189 (27 × 7).

36. À quelle date la condition d'effectif de l'entreprise permettant de déterminer le nombre de membres du comité social et économique doit-elle être appréciée ?

La jurisprudence de la Cour de cassation selon laquelle le nombre de sièges à pourvoir doit être déterminé en fonction de l'effectif de l'entreprise au premier tour du scrutin demeure applicable (*Cass. soc., 21 juill. 1986, n° 85-60.475 : JurisData n° 1986-001387 ; Bull. civ. V n° 409*).

Nombre de membres de la délégation du personnel en fonction des effectifs de l'entreprise ou de l'établissement distinct (or cas d'accord préelectoral)

EFFECTIF	NBRE DE TITULAIRES	NBRE MENSUEL D'HEURES DE DÉLÉGATION	TOTAL HEURES DE DÉLÉGATION
11 à 24	1	10	10
25 à 49	2	10	20
50 à 74	4	18	72
75 à 99	5	19	95
100 à 124	6	21	126
125 à 149	7	21	147
150 à 174	8	21	168
175 à 199	9	21	189
200 à 249	10	22	220
250 à 299	11	22	242
300 à 399	11	22	242
400 à 499	12	22	264
500 à 599	13	24	312
600 à 699	14	24	336
700 à 799	14	24	336
800 à 899	15	24	360
900 à 999	16	24	384
1 000 à 1 249	17	24	408

Effectif	Nbre de titulaires	Nbre mensuel d'heures de délégation	Total heures de délégation
1 250 à 1 499	18	24	432
1 500 à 1 749	20	26	520
1 750 à 1999	21	26	546
2 000 à 2 249	22	26	572
2 250 à 2 499	23	26	598
2 500 à 2 749	24	26	624
2 750 à 2 999	24	26	624
3 000 à 3 249	25	26	650
3 250 à 3 499	25	26	650
3 500 à 3 749	26	27	702
3 750 à 3 999	26	27	702
4 000 à 4 249	26	28	728
4 250 à 4 499	27	28	756
4 500 à 4 749	27	28	756
4 750 à 4 999	28	28	784
5 000 à 5 249	29	29	841
5 250 à 5 499	29	29	841
5 500 à 5 749	29	29	841
5 750 à 5 999	30	29	870
6 000 à 6 249	31	29	899
6 250 à 6 499	31	29	899
6 500 à 6 749	31	29	899
6 750 à 6 999	31	30	930
7 000 à 7 249	32	30	960
7 250 à 7 499	32	30	960
7 500 à 7 749	32	31	992
7 750 à 7 999	32	32	1 024
8 000 à 8 249	32	32	1 024
8 250 à 8 499	33	32	1 056

Effectif	Nbre de titulaires	Nbre mensuel d'heures de délégation	Total heures de délégation
8 500 à 8 749	33	32	1 056
8 750 à 8 999	33	32	1 056
9 000 à 9 249	34	32	1 088
9 250 à 9 499	34	32	1 088
9 500 à 9 749	34	32	1 088
9 750 à 9 999	34	34	1 156
10 000	35	34	1

CHAPITRE 5 – Élections

37. À quel moment initier le processus électoral ?

Dans les entreprises d'au moins 11 salariés, l'employeur doit, tous les quatre ans, ou à l'échéance des mandats si une durée inférieure a été fixée, informer le personnel de l'organisation des élections par tout moyen permettant de conférer date certaine à cette information. Le document diffusé au personnel précise la date envisagée pour le premier tour des élections, qui doit se tenir au plus tard le 90e jour suivant sa diffusion *(C. trav., art. L. 2314-4)*.

38. Quelles organisations syndicales doivent être invitées pour négocier l'organisation des élections et à quel moment ?

L'employeur doit inviter à négocier le protocole d'accord préélectoral et à établir les listes de leurs candidatures aux fonctions de membre élu du comité social et économique :

- les organisations syndicales qui satisfont aux critères de respect des valeurs républicaines et d'indépendance, légalement constituées depuis au moins deux ans et dont le champ professionnel et géographique couvre l'entreprise ou l'établissement concernée par les élections (invitation transmise par tout moyen) ;
- les organisations syndicales reconnues représentatives dans l'entreprise ou l'établissement (invitation transmise par courrier) ;
- les organisations ayant constituées une section syndicale dans l'entreprise ou l'établissement (invitation transmise par courrier) ;

• les syndicats affiliés à une organisation syndicale représentative au niveau national et interprofessionnel (invitation transmise par courrier).

Dans le cas d'un renouvellement de l'instance, cette invitation doit être envoyée deux mois avant l'expiration des mandats des membres du comité social et économique en exercice *(C. trav., art. L. 2314-5)*.

En l'absence de comité social et économique, l'employeur invite les organisations syndicales à la demande d'un salarié ou d'une organisation syndicale dans le mois suivant la réception de cette demande *(C. trav., art. L. 2314-8)*.

Lorsque l'employeur a engagé le processus électoral et qu'un procès-verbal de carence a été établi, la demande de l'organisation de nouvelles élections ne peut intervenir qu'à l'issue du délai de 6 mois suivant l'établissement de ce procès-verbal *(C. trav., art. L. 2314-8)*.

39. Si aucun salarié ne s'est porté candidat aux élections, l'employeur doit-il poursuivre le processus électoral ?

La réponse diffère selon l'effectif de l'entreprise.

Dans les entreprises dont l'effectif est compris entre 11 et 20 salariés, lorsqu'aucun salarié ne s'est porté candidat aux élections dans les 30 jours suivant la diffusion de l'information par l'employeur au personnel de l'organisation prochaine des élections, ce dernier est dispensé d'inviter les organisations syndicales à négocier le protocole d'accord préélectoral. Le processus électoral s'achève, les élections professionnelles n'ont pas à être organisées *(C. trav., art. L. 2314-5)*. L'employeur établit à cette date un procès verbal de carence.

Si l'effectif de l'entreprise dépasse le seuil de 20 salariés, l'employeur doit inviter les organisations syndicales à négocier un protocole d'accord pré-électoral. A l'issue du processus électoral, si aucune personne ne s'est portée candidate ni au premier tour ni au second tour, un procès-verbal établit la carence de candidatures aux élections professionnelles

40. Si une entreprise comprend plusieurs établissements, à quel niveau doit-être négocié le protocole d'accord préélectoral ?

Le protocole d'accord préélectoral est généralement négocié au niveau de chaque établissement distinct mais peut également l'être au niveau de l'entreprise.

41. Je suis salarié d'une autre entreprise et mis à disposition dans l'entreprise dans laquelle vont prochainement se dérouler les élections des membres du comité social et économique. Puis-je voter à ces élections ? Puis-je me présenter à ces élections ?

Les salariés mis à disposition ne sont pas éligibles dans l'entreprise utilisatrice. Ne sont éligibles que les salariés de l'entreprise, âgé de 18 ans révolus, remplissant les conditions pour être électeur et qui travaillent dans l'entreprise depuis un an au moins *(C. trav., art. L. 2314-23)*.

En revanche, les salariés mis à disposition peuvent être électeurs dans l'entreprise utilisatrice sous réserve des conditions suivantes :

• être présents dans les locaux de l'entreprise utilisatrice et y travailler depuis au moins douze mois continus ;

• avoir choisi d'exercer leur droit de vote dans cette entreprise, et donc avoir renoncé à l'exercer dans l'entreprise qui les emploie.

42. Comment les délégués syndicaux sont-ils désignés ?

Les délégués syndicaux sont désignés à la suite des élections des membres de la délégation du personnel du comité social et économique.

Dans les entreprises ou les établissements d'au moins 50 salariés, chaque organisation syndicale représentative, qui constitue une section syndicale, désigne parmi les candidats aux élections professionnelles qui ont recueilli à titre personnel et dans leur collège au moins 10 % des suffrages exprimés au premier tour des dernières élections, quel que soit le nombre de votants, un ou plusieurs délégués syndicaux pour la représenter auprès de l'employeur *(C. trav., art. L. 2143-3, al. 1er)*.

Toutefois, une organisation syndicale représentative peut désigner un délégué syndical parmi ses autres candidats dans l'un des cas suivants :

• soit aucun des candidats présentés par l'organisation syndicale aux élections professionnelle n'a recueilli à titre personnel au moins 10 % des suffrages exprimés ;

• soit il ne reste, dans l'entreprise ou l'établissement, plus aucun candidat aux élections professionnelles ayant obtenu au moins 10 % des suffrages exprimés ;

• soit l'ensemble des élus ayant obtenu au moins 10 % des suffrages exprimés renoncent par écrit à leur droit d'être désigné délégué syndical.

Lorsque tous les candidats renoncent à être désigné délégué syndical, l'organisation peut désigner comme délégué syndical l'un de ses adhérents au sein de l'entreprise ou de l'établissement ou l'un de ses anciens élus ayant atteint la limite de trois mandats successifs au comité social et économique.

43. Que se passe-t-il quand il n'y a pas d'accord répartissant le personnel et les sièges dans les collèges électoraux ?

L'absence d'accord sur la répartition du personnel et des sièges peut résulter de deux situations distinctes :

• Une ou plusieurs organisations syndicales invitées à la négociation du protocole pré-électoral par l'employeur ont participé à cette négociation, mais aucun accord n'a pu être conclu entre eux. Cette situation s'analyse comme un désaccord que le DIRECCTE est amené à arbitrer, conformément à l'article L. 2314-13 du Code du travail. La décision du DIRECCTE peut faire l'objet d'un recours devant le tribunal d'instance.

• Bien que régulièrement invitées par l'employeur, aucune des organisations syndicales représentatives dans l'entreprise n'est venue négocier le protocole d'accord préélectoral. Il y a donc carence des organisations syndicales représentatives. Dans ce cas, l'employeur peut prendre seul la décision de répartir le personnel et les sièges dans les collèges électoraux *(C. trav., art. L. 2314-14)*.

CHAPITRE 6 – Mandats

44. Quelle est la durée d'un mandat de membre élu au comité social et économique ?

La durée d'un mandat de membre de la délégation du personnel est de quatre ans. Un accord d'entreprise, de groupe ou de branche peut toutefois prévoir une durée inférieure, comprise entre 2 et 4 ans *(C. trav., art. L. 2314-32 et L. 2314-33)*.

45. Qui sont les élus concernés par la limitation à trois du nombre de mandats successifs ?

Le nombre de mandats successifs de membre de la délégation du personnel du comité social et économique est limité à trois, excepté :

• dans les entreprises de moins de 50 salariés ;

• dans les entreprises dont l'effectif est compris entre 50 et 300 salariés si le protocole d'accord préélectoral en stipule autrement.

La limitation à trois du nombre de mandats successifs s'applique également aux membres du comité social et économique central et aux membres des comités sociaux et économiques d'établissement, sauf dans les entreprises ou les établissements de moins de cinquante salariés et sauf si le protocole d'accord préélectoral en stipule autrement dans les entreprises ou établissements dont l'effectif est compris entre 50 et 300 salariés (*C. trav., art. L. 2314-33*).

46. J'ai été élu délégué du personnel aux trois dernières élections professionnelles qui se sont déroulées dans mon établissement.

Pourrais-je me présenter pour être élu membre du comité social et économique aux prochaines élections ?

Oui. La limitation du nombre de mandats successifs ne s'applique que pour les mandats d'élu au comité social et économique, et donc, à partir de la mise en place du premier comité social et économique.

Elle ne s'applique pas rétroactivement aux mandats des élus des anciennes institutions représentatives du personnel.

Les mandats des délégués du personnel, des membres élus du comité d'entreprise, du comité d'hygiène, de sécurité et des conditions de travail, de la délégation unique du personnel ou de l'instance regroupée arrivant à échéance après la publication de l'ordonnance ne seront pas pris en compte dans le décompte du nombre de mandat successifs si ces élus deviennent par la suite membres du comité social et économique.

Ainsi, si un salarié a été élu délégué du personnel ou membre du comité d'entreprise, conformément aux dispositions en vigueur avant la publication de l'ordonnance, son mandat ne sera pas pris en compte dans le calcul du nombre de mandats successifs. Le décompte débutera à compter du premier mandat de membre du comité social et économique (*C. trav., art. L. 2314-33*).

CHAPITRE 7 – Statut protecteur

47. Le siège de mon entreprise est situé à Marseille. J'envisage de procéder au licenciement pour motif disciplinaire d'un de mes salariés détenant le mandat de délégué syndical, et qui exerce toute sa prestation de travail au sein d'une agence située à Strasbourg. Quel est l'inspecteur du travail compétent ?

Le salarié exerçant toute sa prestation de travail à Strasbourg et la demande d'autorisation de licenciement étant fondée sur un motif personnel, l'inspecteur du travail contrôlant cette agence sera compétent.

48. Je suis chef d'une entreprise de restauration collective ne comportant qu'un seul établissement situé à Nancy. J'envisage de procéder au licencie-

ment pour motif disciplinaire d'un salarié détenant le mandat de membre du comité d'entreprise et exerçant toute sa prestation de travail sur un site situé à Metz. À quel inspecteur du travail dois-je adresser ma demande ?

Les nouvelles règles de compétence territoriale définies à l'article L. 2421-3 du Code du travail ne s'appliquent pas aux mandats supprimés par l'ordonnance n° 2017-1386 du 22 septembre 2017. En conséquence, la demande d'autorisation de licenciement sera instruite par l'inspecteur du travail compétent pour le site de Nancy.

49. Je suis chef d'une entreprise en difficulté dont le siège est situé à Lyon et qui est composée de quatre établissements, tous dotés de comités d'établissement. J'envisage de procéder au licenciement collectif pour motif économique de plusieurs délégués du personnel, délégués syndicaux, membres du comité d'hygiène, de sécurité et des conditions de travail et membres du comité d'établissement, tous rattachés à l'établissement nantais. À quel inspecteur du travail dois-je adresser ma demande ?

Les nouvelles règles de compétence territoriale en matière de licenciement économique n'affectant pas, en pratique, la détermination de l'inspecteur du travail amené à se prononcer sur de telles demandes.

En l'espèce, ce sera l'inspecteur du travail de Nantes qui instruira cette demande, dès lors que tous les salariés concernés sont rattachés à l'établissement de Nantes.

50. J'ai été élu membre du comité social et économique le 2 janvier 2018 et désigné membre de la commission santé, sécurité et conditions de travail le 10 janvier suivant. Mon employeur envisage de me licencier.

Doit-il demander l'autorisation à l'inspecteur du travail ?

Oui, vous bénéficiez du statut protecteur au titre de votre mandat de membre du comité social et économique, condition pré-requise à votre désignation comme membre de la commission santé, sécurité et conditions de travail *(C. trav., art. L. 2411-1)*.

CHAPITRE 8 – Missions

51. Quelles sont les missions du comité social et économique dans les entreprises d'au moins 11 salariés et de moins de 50 salariés ?

Dans les entreprises d'au moins 11 salariés et de moins de 50 salariés, le comité social et économique a pour mission :

* de présenter les réclamations collectives ou individuelles des salariés à l'employeur ;

* de veiller à l'application de la réglementation du travail dans l'entreprise ;

* de promouvoir l'amélioration de la santé, la sécurité et des conditions de travail dans l'entreprise et réaliser des enquêtes en matière d'accidents du travail ou de maladies professionnelles ;

À cet effet, les membres de la délégation du personnel du comité peuvent saisir l'inspection du travail de toutes les plaintes et observations relatives à l'application des dispositions légales dont elle est chargée d'assurer le contrôle *(C. trav., art. L. 2312-5)*.

52. Quelles sont les missions qu'exerce plus spécifiquement le comité social et économique en matière de santé, sécurité et conditions de travail lorsque l'effectif de l'entreprise est inférieur à 50 salariés ?

Dans les entreprises de moins de 50 salariés, les membres de la délégation du personnel du comité social et économique disposent d'une compétence générale en matière de santé, sécurité et conditions de travail puisqu'ils ont pour mission de promouvoir la santé, la sécurité et l'amélioration des conditions de travail dans l'entreprise.

Par ailleurs, la délégation du personnel au comité social et économique réalise des enquêtes en matière d'accidents du travail ou de maladies professionnelles ou à caractère professionnel et dispose du droit d'alerter l'employeur en cas d'atteinte aux droits des personnes et en cas d'atteinte à leur santé physique et mentale *(C. trav., art. L. 2312-5)*.

53. Quelles sont les missions du comité social et économique dans les entreprises d'au moins 50 salariés ?

Les missions exercées par le comité social et économique dans les entreprises de moins de 50 salariés sont également exercées par le comité social et économique dans les entreprises d'au moins 50 salariés, auxquelles s'ajoutent des attributions supplémentaires :

* il assure une expression collective des salariés permettant la prise en compte de leurs intérêts dans les décisions relatives à la gestion et à l'évolution économique et financière de l'entreprise, à l'organisation du travail, à la formation professionnelle et aux techniques de production ;

* il exerce le droit d'alerte en cas d'atteinte aux droits des personnes, en cas de danger grave et imminent, en cas d'utilisation non conforme du crédit

d'impôt pour la compétitivité et l'emploi, en matière économique et en matière sociale.

Certains de ces membres participent aux conseils d'administration ou de surveillance des sociétés :

* il assure ou contrôle la gestion des activités sociales et culturelles de l'entreprise ;

* il contribue à la protection de la santé et de la sécurité des salariés et à l'amélioration de leurs conditions de travail (*C. trav., art. L. 2312-8, L. 2312-9 et L. 2312-78*).

54. Dans une entreprise de 64 salariés, divisée en trois établissements distincts de respectivement 25, 15 et 24 salariés, quelles sont les missions des comités sociaux et économiques d'établissement ?

Les attributions des comités d'établissements sont déterminées en fonction de l'effectif de l'entreprise, et non celui de l'établissement.

Ainsi, dans cette entreprise de 64 salariés, les comités sociaux et économiques exerceront les attributions étendues propres aux comités sociaux et économiques mis en place dans les entreprises d'au moins 50 salariés.

55. Lorsque l'effectif de l'entreprise atteint le seuil de 50 salariés, à quel moment le comité social et économique commence-t-il à exercer les attributions récurrentes d'information et de consultation ?

Si l'entreprise était déjà pourvue d'un comité social et économique, ce dernier commencera à exercer les attributions récurrentes d'information et de consultation liées au franchissement du seuil de 50 salariés à l'expiration d'un délai de 12 mois à compter de la date à laquelle le seuil de 50 salariés a été atteint pendant 12 mois consécutifs (*C. trav., art. L. 2312-2*).

Exemple

Un comité social et économique est élu en septembre 2018 dans une entreprise de 48 salariés. L'effectif de cette entreprise passe à 50 salariés le 1er octobre 2018 et demeure supérieur à ce seuil pendant les douze mois suivants, soit jusqu'au 1er octobre 2019. Le comité social et économique ne commencera à exercer ses attributions récurrentes d'information et de consultation qu'à l'expiration d'un second délai de 12 mois, soit à partir du 1er octobre 2020.

> Si l'entreprise n'était pas pourvue d'un comité social et économique, le comité nouvellement mis en place commencera à exercer lesdites attributions à l'issue du délai d'une année après sa mise en place (*C. trav., art. L. 2312-2*).

56. Lorsque l'effectif de l'entreprise atteint le seuil des 50 salariés, quelles sont les attributions du comité social et économique en matière de santé, sécurité et conditions de travail ?

Les missions exercées par le comité social et économique dans les entreprises de moins de 50 salariés sont également exercées par le comité social et économique dans les entreprises d'au moins 50 salariés (voir supra), auxquelles s'ajoutent des attributions supplémentaires, notamment :

- il est informé et consulté sur les questions intéressant l'organisation, la gestion et la marche générale de l'entreprise, notamment sur la durée du travail ou les conditions d'emploi, de travail et de formation, l'introduction de nouvelles technologies, l'aménagement important modifiant les conditions de santé et de sécurité ou les conditions de travail, les mesures prises en faveur du maintien au travail des accidentés du travail, des invalides de guerres, des invalides civils, des personnes atteintes de maladies chroniques évolutives et des travailleurs handicapés ;
- il procède à l'analyse des risques professionnels auxquels peuvent être exposés les travailleurs ;
- il contribue notamment à faciliter l'accès des femmes à tous les emplois, à l'adaptation et à l'aménagement des postes de travail des personnes handicapées ;
- il propose des actions de prévention du harcèlement moral, du harcèlement sexuel et des agissements sexistes ;
- il procède, à intervalles réguliers, à des inspections en matière de santé, sécurité et conditions de travail ;
- il exerce le droit d'alerte en situation de danger grave et imminent ainsi qu'en matière de santé publique et d'environnement ;
- il peut décider de recourir à une expertise (expert-comptable ou expert habilité) ;
- il est informé des visites de l'agent de contrôle de l'inspection du travail et ses membres peuvent présenter leurs observations (l'agent de contrôle se fait

accompagner d'un membre de la délégation du personnel du comité, si ce dernier le souhaite) *(C. trav., art. L. 2312-8, L. 2312-9, L. 2312-10 et L. 2312-60).*

57. Quels sont les thèmes récurrents sur lesquels le comité social et économique doit être informé et consulté ?

Le comité social et économique est obligatoirement consulté, de manière périodique sur les thèmes suivants :

• les orientations stratégiques de l'entreprise ;

• la situation économique et financière de l'entreprise ;

• la politique sociale de l'entreprise, les conditions de travail et de l'emploi *(C. trav., art. L. 2312-17).*

58. Quelle est la périodicité des consultations récurrentes du comité social et économique ?

Désormais, un accord d'entreprise majoritaire au sens du 1er alinéa de l'article L. 2232-12 (donc, sans possibilité de validation d'un accord minoritaire par référendum), ou en l'absence de délégué syndical, un accord avec le comité social et économique adopté à la majorité des membres titulaires de la délégation du personnel peut définir la périodicité des trois consultations récurrentes, afin d'adapter la périodicité des réunions du comité social et économiques aux réalités de l'entreprise *(C. trav., art. L. 2312-19).*

Ainsi, si les orientations stratégiques de l'entreprise sont revues tous les deux ans, et non pas chaque année, les acteurs de l'entreprise pourront, dans le cadre d'un accord, fixer la périodicité de la consultation du comité social et économique sur les orientations stratégiques de l'entreprise à deux ans.

En l'absence de dispositions différentes prévues par accord, le comité social et économique doit être informé et consulté chaque année sur les trois thèmes prévus par la loi (orientations stratégiques de l'entreprise ; situation économique et financière de l'entreprise ; politique sociale de l'entreprise, conditions de travail et de l'emploi. – *C. trav., art. L. 2312-22).*

59. Si l'entreprise comporte plusieurs établissements, à quel niveau les consultations récurrentes du comité social et économique doivent-elles être menées ?

Les consultations sur les orientations stratégiques de l'entreprise et la situation économique doivent être conduites au niveau de l'entreprise, l'accord d'entreprise aménageant les consultations récurrentes *(C. trav., art. L. 2312-19)* ou un accord de groupe *(C. trav., art. L. 2312-20)* en décide autrement.

La consultation sur la politique sociale de l'entreprise, les conditions de travail et de l'emploi est conduite à la fois au niveau central et au niveau des établissements lorsque sont prévues des mesures d'adaptation spécifiques à ces établissements, sauf si l'accord d'entreprise aménageant les consultations récurrentes en dispose autrement *(C. trav., art. L. 2312-22, al. 5 et L. 2312-19)*.

60. En matière de consultations récurrentes, dans quels délais le comité social et économique doit-il transmettre son avis à l'employeur ?

Un accord d'entreprise majoritaire au sens du 1er alinéa de l'article L. 2232-12 (donc, sans possibilité de validation d'un accord minoritaire par référendum), ou en l'absence de délégué syndical, un accord avec le comité social et économique (adopté à la majorité des membres titulaires) peut fixer les délais dans lesquels les avis du comité social et économique doivent être transmis à l'employeur. Les délais dont dispose le comité social et économique doivent être suffisants *(C. trav., art. L. 2312-19)*.

À défaut d'accord, le comité social et économique dispose d'un délai d'un mois à compter de la communication par l'employeur des informations nécessaires à la conduite de la consultation pour rendre son avis ou de l'information par l'employeur de leur mise à disposition dans la base de données économiques et sociales. Ce délai est porté à deux mois lorsque le comité fait appel à un expert, et à trois mois en cas d'intervention d'une ou plusieurs expertises se déroulant à la fois au niveau central et au niveau d'un ou plusieurs établissements. En l'absence d'avis rendu dans ces délais, le comité social et économique sera réputé avoir rendu un avis négatif.

Lorsque l'employeur est tenu de consulter à la fois le comité social et économique central et un ou plusieurs comités d'établissement, ces délais s'appliquent au comité social et économique central et l'avis de chaque comité d'établissement est rendu au comité central au plus tard sept jours avant la date à laquelle ce dernier est réputé avoir été consulté et avoir rendu un avis. À défaut, l'avis du comité d'établissement est réputé négatif *(C. trav., art. R. 2312-6)*.

61. Comment sont déterminés le contenu et les modalités de fonctionnement de la base de données économiques et sociales ?

Désormais, un accord d'entreprise majoritaire au sens du 1er alinéa de l'article L. 2232-12 (donc, sans possibilité de validation d'un accord minoritaire par référendum), ou, en l'absence de délégué syndical, un accord avec le comité social et économique (adopté à la majorité des membres titulaires) peut définir l'organisation, l'architecture et le contenu de la base de donnée économiques et sociales, ainsi que ses modalités de fonctionnement, notamment les droits d'accès, le niveau de mise en place de la base dans les entreprises comportant des établissements distincts, son support et ses modalités de consultation et d'utilisation *(C. trav., art. L. 2312-21 et L. 2312-36)*.

La base de données économiques et sociales doit comporter au moins les thèmes suivants :

- l'investissement social ;
- l'investissement matériel et immatériel ;
- l'égalité professionnelle entre les femmes et les hommes au sein de l'entreprise ;
- les fonds propres ;
- l'endettement ;
- l'ensemble des éléments de la rémunération des salariés et dirigeants ;
- les activités sociales et culturelles ;
- la rémunération des financeurs ;
- les flux financiers à destination de l'entreprise.

À défaut d'accord d'entreprise ou d'accord conclu avec le comité social et économique, dans les entreprises du moins de 300 salariés, l'organisation, l'architecture, le contenu et les modalités de fonctionnement de la base de données économiques et sociales peuvent être définis par un accord de branche *(C. trav., art. L. 2312-21)*.

À défaut d'accord d'entreprise, d'accord avec le comité social et économique ou d'accord de branche pour les entreprises de moins de 300 salariés, le contenu de la base de données économiques et sociales comporte les informations prévues à l'article R. 2312-8 du Code du travail dans les entreprises de moins de 300 salariés et à l'article R. 2312-9 dans les entreprises d'au moins 300 salariés.

CHAPITRE 9 – Fonctionnement

62. Quels sont les membres du comité social et économique qui bénéficient d'un crédit d'heures de délégation ?

Bénéficient d'un crédit d'heures de délégation :

• les membres titulaires du comité social et économique ;

• les représentants syndicaux au comité social et économique dans les entreprises d'au moins 501 salariés et les représentant syndicaux au comité social et économique central d'entreprise d'au moins 501 salariés dont aucun des établissement distincts n'atteint ce seuil *(C. trav., art. L. 2315-7)*.

63. Comment déterminer le nombre d'heures de délégation dont disposent les membres titulaires du comité social et économique ?

Chaque membre titulaire de la délégation du personnel du comité social et économique dispose d'un crédit mensuel d'heures de délégation.

L'article R. 2314-1 du Code du travail fixe pour chaque tranche d'effectif de l'entreprise ou de l'établissement le nombre de membres qui compose la délégation du personnel du comité social et économique et le nombre d'heures de délégation dont chacun dispose pour exercer ses fonctions.

Par exemple, dans les entreprises dont l'effectif est compris entre 50 et 74 salariés, le comité social et économique sera composé de 4 titulaires, qui bénéficieront chacun de 18 heures de délégation mensuelles.

Dans les entreprises dont l'effectif est compris entre 200 à 249 salariés, les 10 membres titulaires du comité bénéficieront chacun de 22 heures mensuelles.

64. Peut-on modifier le volume des heures de délégation des élus titulaires du comité social et économique ?

Le nombre d'heures de délégation des élus titulaires du comité social et économique est fixé à l'article R. 2314-1 du Code du travail en fonction des effectifs de l'entreprise. Le protocole d'accord préélectoral peut modifier le nombre de membres et le nombre d'heures de délégation, dès lors que le volume global des heures de délégation, au sein de chaque collège, est au moins égal à celui résultant des dispositions légales au regard de l'effectif de l'entreprise *(C. trav., art. L. 2314-1 et L. 2314-7)*. Le nombre d'heures de délégation dont bénéficie chaque élu peut être diminué sous réserve d'une augmentation concomitante du nombre d'élus titulaires.

Par exemple, les entreprises dont l'effectif est compris entre 150 et 174 salariés sont normalement tenues de mettre en place un comité social et économique comprenant 8 titulaires, disposant chacun de 21 heures de délégation mensuelles, soit un total de 168 heures mensuelles. Un accord pourra diminuer le nombre mensuel d'heures de délégation à 14 tout en augmentant le nombre d'élus titulaires à 12, le volume global d'heures de délégation s'élevant toujours à 168. L'accord pourra également fixer le nombre mensuel d'heures de délégation individuelle à 28 en diminuant par ailleurs le nombre de membres à 6, puisque le volume global mensuel d'heures de délégation s'élèvera toujours à 168 heures.

Le volume global d'heures de délégation des membres de la délégation du personnel du comité social et économique prévu à l'article R. 2314-1 est un plancher. Le protocole d'accord préélectoral, un accord collectif de droit commun, un usage ou un engagement unilatéral de l'employeur peut toujours fixer un nombre d'heures de délégation et/ou de membres supérieur à celui prévu par décret.

65. Les membres du comité social et économique peuvent-ils mutualiser leurs heures de délégation ?

Les membres titulaires du comité social et économique disposent chacun d'un volume individuel et mensuel d'heures de délégation. Néanmoins, ils peuvent chaque mois répartir entre eux et avec les suppléants et, le cas échéant, avec les représentants de proximité, le crédit d'heures dont ils disposent *(C. trav., art. L. 2315-9)*. La répartition ne peut toutefois conduire l'un d'eux à disposer dans le mois de plus d'une fois et demie le crédit d'heures de délégation dont il devrait disposer en application des dispositions réglementaires *(C. trav., art. R. 2315-6)*.

En cas de mutualisation, les membres titulaires doivent en informer l'employeur au plus tard 8 jours avant la date prévue pour leur utilisation dans un écrit précisant l'identité et le nombre d'heures mutualisé pour chacun d'eux *(C. trav., art. R. 2315-6)*.

66. En tant que membre du comité social et économique, dois-je nécessairement utiliser mon crédit d'heures délégation dans le mois ?

Les heures de délégation peuvent être utilisées cumulativement dans la limite de 12 mois *(C. trav., art. L. 2315-8 et R. 2315-5)*. Toutefois, la possibilité donnée aux membres du comité social et économique de « reporter » leurs heures de délégation ne peut conduire l'un deux à disposer dans le mois de plus de une fois et demie le crédit d'heures de délégation dont il bénéficie.

Le membre élu du comité social et économique doit informer l'employeur de l'utilisation cumulée de ses heures de délégation au plus tard 8 jours avant la date prévue pour leur utilisation *(C. trav., art. R. 2315-5).*

67. Je suis un salarié en forfait jours élu au comité social et économique. Comment s'imputent mes heures de délégation sur mon temps de travail ?

Le crédit d'heures doit être regroupé en demi-journées qui se déduiront du nombre annuel de jours travaillés fixé dans la convention individuelle de forfait. Une demi-journée correspond à quatre heures de mandat. Lorsque le crédit d'heures ou la fraction du crédit d'heures restant est inférieur à quatre heures, les représentants du personnel disposent d'une demi-journée qui vient en déduction du nombre annuel de jours travaillées fixé dans sa convention individuelle *(C. trav., art. R. 2315-3).*

Ainsi, si un salarié en forfait jours exerce 24 heures de délégation au cours d'un mois, ces heures seront regroupées en 6 demi-journées de 4 heures. Au final, 3 jours de délégation viendront s'imputer sur le contingent annuel de jours travaillés fixé dans la convention individuelle de forfait.

68. Je suis employeur. Dois-je payer les heures de délégation des membres du comité social et économique ?

Les heures de délégation des membres du comité social et économiques sont considérées de plein droit comme du temps de travail effectif. À ce titre, elles doivent donc être payées par l'employeur dans les mêmes conditions et selon la même périodicité que leurs rémunérations *(C. trav., art. L. 2315-10).*

69. En tant que membre du comité social et économique, dois-je justifier de la bonne utilisation de mon crédit d'heures de délégation pour pouvoir en obtenir le paiement par mon employeur ?

Les membres du comité social et économique bénéficient, à l'instar des anciennes instances représentatives du personnel, d'une présomption de bonne utilisation de leur crédit d'heures de délégation. Ce temps doit être payé par l'employeur à échéance normale. En conséquence, l'employeur qui entend contester l'utilisation des heures de délégation ne peut de son propre chef décider de ne pas payer ces heures de délégation. Il doit saisir le juge conseil des prud'hommes *(C. trav., art. L. 2315-10).*

70. Les activités des membres du comité social et économique sont-elles toutes déduites du crédit d'heures de délégation ?

Pour l'exercice de leurs fonctions, les membres du comité social et économique bénéficient d'un crédit d'heures de délégation mensuel payées par l'employeur comme du temps de travail effectif. Ce crédit d'heures de délégation est fixé par accord, ou à défaut, par décret.

Néanmoins, certaines activités du comité social et économique, également payées comme du temps de travail effectif par l'employeur ne s'imputent pas sur le crédit d'heures de délégation dont dispose les membres titulaires. Il s'agit du temps passé :

• aux réunions du comité social et économique *(C. trav., art. L. 2315-11) ;*

• aux réunions de la commission santé, sécurité et conditions de travail *(C. trav., art. R. 2315-7) ;*

• aux réunions des autres commissions, dans la limite d'une durée annuelle globale fixée par accord d'entreprise ou à défaut, à 30 heures pour les entreprises de 300 à 1 000 salariés ou à 60 heures pour les entreprises d'au moins 1 000 salariés *(C. trav., art. R. 2315-7) ;*

• aux enquêtes menées après un accident du travail grave ou des incidents répétés ayant révélé un risque grave ou une maladie professionnelle ou à caractère professionnel grave *(C. trav., art. L. 2315-11) ;*

• à la recherche de mesures préventives dans toute situation d'urgence et de gravité, notamment lors de la mise en œuvre de la procédure de danger grave et imminent prévue à l'article L. 4132-2 ;

• à la formation en santé, sécurité et conditions de travail et à la formation économique des membres du comité social et économique *(C. trav., art. L. 2315-16).*

71. Peut-on dépasser le crédit d'heures mensuel en cas de circonstances exceptionnelles ?

Le nombre d'heures de délégation peut être augmenté en cas de circonstances exceptionnelles *(C. trav., art. R. 2314-1).*

Les heures prises en dehors du volume légal ou conventionnel ne bénéficient pas de la présomption de bonne utilisation par les représentants du personnel. En conséquence, en cas d'utilisation d'heures de délégation supplémentaires pour circonstances exceptionnelles, l'employeur pourra leur demander de justifier de leur utilisation avant de les payer.

La jurisprudence a défini la circonstance exceptionnelle comme une activité inhabituelle nécessitant de la part des représentants un surcroît d'activité, débordant le cadre habituel de leurs tâches en raison notamment de la soudaineté de l'événement ou de l'urgence des mesures à prendre *(Cass. crim., 3 juin 1986)*. La circonstance exceptionnelle peut être caractérisée par la conjoncture économique difficile dans laquelle se trouvait l'entreprise *(Cass. soc., 26 oct. 1977)*, la préparation d'un important licenciement économique *(Cass. soc., 7 déc. 1977)*, l'existence d'un conflit collectif important *(Cass. soc., 8 juill. 1998)*, l'examen d'un important projet de restructuration *(Cass. soc., 6 juill. 1994)*.

72. Quels sont les membres du comité social et économique qui peuvent bénéficier de la formation spécifique en santé, sécurité et conditionsde travail ?

L'ensemble des membres de la délégation du personnel du comité social et économique bénéficie de la formation nécessaire à l'exercice de leurs missions en matière de santé, de sécurité et de conditions de travail, quel que soit l'effectif de l'entreprise et y compris lorsqu'existe une commission santé, sécurité et conditions de travail *(C. trav., art. L. 2315-18)*.

Cette formation est organisée sur une durée minimale de cinq jours dans les entreprises d'au moins 300 salariés et de trois jours dans les entreprises de moins de 300 salariés *(C. trav., art. L. 2315-40)*.

En outre, les membres de la commission santé, sécurité et conditions de travail peuvent, le cas échéant, bénéficier d'une formation spécifique correspondant aux risques ou facteurs de risques particuliers, en rapport avec l'activité de l'entreprise. Les conditions et les modalités de cette formation sont définies par accord d'entreprise majoritaire au sens du 1er alinéa de l'article L. 2232-12 (sans possibilité de validation d'un accord minoritaire par référendum) ou, en l'absence de délégué syndical, par accord entre l'employeur et le comité social et économique adopté à la majorité des membres titulaires élus de la délégation du personnel du comité, ou à défaut d'accord par le règlement intérieur du comité social et économique *(C. trav., art. L. 2315-41, L. 2315-42 et L. 2315-44)*.

73. À quelle fréquence le comité social et économique doit-il se réunir ?

La réponse diffère selon l'effectif de l'entreprise. Dans les entreprises de moins de 50 salariés, les membres de la délégation du personnel du comité social et économique sont reçus collectivement par l'employeur ou son représentant au moins une fois par mois. En cas d'urgence, ils sont reçus à leur demande.

Dans les entreprises d'au moins 50 salariés, un accord d'entreprise majoritaire au sens du 1er alinéa de l'article L. 2232-12 (sans possibilité de validation d'un accord minoritaire par référendum), ou, en l'absence de délégué syndical, un accord entre l'employeur et le comité social et économique adopté à la majorité des membres titulaires élus de la délégation du personnel du comité peut définir le nombre de réunions annuelles du comité, qui ne peut être inférieur à six. À défaut d'accord, le comité est réuni, sur convocation de l'employeur ou de son représentant au moins une fois par mois dans les entreprises d'au moins 300 salariés et au moins une fois tous les deux mois dans les entreprises de moins de 300 salariés. Le comité peut tenir une seconde réunion à la demande de la majorité de ses membres. Dans les entreprises à établissements multiples, le nombre annuel de réunions des comités sociaux et économiques d'établissements est déterminé en fonction des effets de l'entreprises, et non de l'établissement *(C. trav., art. L. 2315-28)*. Ainsi, dans le cas d'une entreprise de 315 salariés divisée en 2 établissements distincts de 140 et de 175 salariés, les comités sociaux et économiques de ces établissements devront se réunir au moins une fois par mois, à défaut d'accord en disposant autrement.

74. Des réunions du comité social et économique consacrées à la santé, la sécurité et aux conditions de travail sont-elles imposées ?

Dans les entreprises d'au moins 50 salariés, au moins 4 des réunions du comité social et économique portent annuellement en tout ou partie sur les attributions du comité en matière de santé, sécurité et conditions de travail, plus fréquemment en cas de besoin, notamment dans les branches d'activité présentant des risques particuliers.

Le comité est en outre réuni à la suite de tout accident ayant entraîné ou ayant pu entraîner des conséquences graves, ainsi qu'en cas d'événement grave lié à l'activité de l'entreprise, ayant porté atteinte ou ayant pu porter atteinte à la santé publique ou à l'environnement ou à la demande motivée de deux de ses membres représentants du personnel, sur les sujets relevant de la santé, de la sécurité ou des conditions de travail *(C. trav., art. L. 2315-27)*.

75. Quelles sont les personnes extérieures à l'entreprise autorisées à assister aux réunions du comité social et économique portant sur ses attributions en matière de santé, sécurité et conditions de travail ?

Dans les entreprises d'au moins 50 salariés, des personnes extérieures sont amenées à apporter leur concours sur les questions relatives à la santé, la sécurité et aux conditions de travail.

Assistent avec voix consultative aux réunions du comité social et économique sur les points de l'ordre du jour relatifs aux questions relatives à la santé, la sécurité et les conditions de travail, et le cas échéant aux réunions de la commission santé sécurité et conditions de travail (CSSCT) :

• le médecin du travail, qui peut donner délégation à un membre de l'équipe pluridisciplinaire du service de santé au travail ayant compétence en matière de santé au travail ou de conditions de travail ;

• le responsable interne du service de sécurité et des conditions de travail ou, à défaut, l'agent chargé de la sécurité et des conditions de travail *(C. trav., art. L. 2314-3, I).*

L'agent de contrôle de l'inspection du travail ainsi que les agents des services de prévention des organismes de sécurité sociale assistent également :

• aux réunions de la commission santé, sécurité et conditions de travail ;

• À l'initiative de l'employeur ou à la demande de la majorité de la délégation du personnel du comité social et économique, aux réunions du comité portant sur ses attributions en matière de santé, sécurité et conditions de travail et aux réunions convoquées à la suite de tout accident ayant entraîné ou ayant pu entraîner des conséquences graves, ainsi qu'en cas d'évènement grave lié à l'activité de l'entreprise, ayant porté atteinte ou ayant pu porter atteinte à la santé publique ou à l'environnement ou à la demande motivée de deux de ses représentants sur les sujets relevant de la santé, la sécurité ou des conditions de travail ;

• aux réunions du comité consécutives à un accident de travail ayant entraîné un arrêt de travail d'au moins huit jours ou à une maladie professionnelle ou à caractère professionnel *(C. trav., art. L. 2314-3, II).*

L'employeur informe annuellement l'agent de contrôle de l'inspection du travail, le médecin du travail et l'agent des services de prévention des organismes de sécurité sociale du calendrier retenu pour les réunions consacrées aux sujets relevant de la santé, de la sécurité ou des conditions de travail, et leur confirme par écrit au moins quinze jours à l'avance la tenue de ces réunions.

Dans le cadre de ses attributions en matière de santé, sécurité et conditions de travail, le comité social et économique peut demander à entendre le chef d'une entreprise voisine ou son représentant dont l'activité expose les travailleurs de son ressort à des nuisances particulières et peut faire appel à titre consultatif et occasionnel au concours de toute personne de l'entreprise qui lui paraîtrait qualifiée *(C. trav., art. L. 2312-13)*.

76. Puis-je, en tant que membre suppléant, assister aux réunions du comité social et économique ?

Non. Les membres suppléants n'assistent aux réunions qu'en l'absence du membre titulaire *(C. trav., art. L. 2314-1 et L. 2314-37)*. Il est conseillé que le règlement intérieur du comité social et économique organise les modalités de la suppléance.

77. L'employeur doit-il communiquer l'ordre du jour des réunions du comité social et économique aux suppléants et les convoquer ?

L'ordre du jour des réunions du comité social et économique est communiqué par le président aux membres du comité, titulaires et suppléants *(C. trav., art. L. 2315-30)*.

Cette transmission a seulement pour objet d'informer le suppléant de l'ordre du jour de la réunion de sorte que, le cas échéant, il puisse remplacer un élu titulaire empêché.

Un accord collectif ou un accord conclu avec la majorité des membres titulaires du CSE peut prévoir que la communication de l'ordre du jour vaut convocation des suppléants aux réunions du comité.

78. Quels sont les budgets dont dispose le comité social et économique ?

Dans les entreprises d'au moins 50 salariés, le comité social et économique dispose, pour l'exercice de ses attributions, d'un budget de fonctionnement *(C. trav., art. L. 2315-61)* et d'un budget destiné au financement des activités sociales et culturelles *(C. trav., art. L. 2312-81)*, financé par l'employeur.

79. Quel est le montant de la subvention de fonctionnement que doit verser l'employeur ?

Le montant de la subvention de fonctionnement s'élève à 0,20 % de la masse salariale brute dans les entreprises de 50 à 2 000 salariés, et à 0,22 % dans les entreprises de plus de 2 000 salariés.

80. Quelle est la masse salariale prise en compte pour le calcul de contributions et subventions aux budgets du comité social et économique ? La masse salariale brute est constituée par l'ensemble des gains et rémunérations soumis à cotisations de sécurité sociale en application des dispositions de l'article L. 242-1 du Code de la sécurité sociale ou de l'article L. 741-10 du Code rural et de la pêche maritime, à l'exception des indemnités versées à l'occasion de la rupture du contrat de travail à durée indéterminée *(C. trav., art. L. 2315-61)*. Les sommes versées au titre d'un accord d'intéressement ou de participation ne sont pas intégrées dans la masse salariale brute *(C. trav., art. L. 2315-61)*.

81. Quel est le montant de la contribution versée par l'employeur pour financer les activités sociales et culturelles de l'entreprise ?

• La contribution annuelle versée par l'employeur au comité social et économique pour financer les activités sociales et culturelles de l'entreprise est fixée par accord d'entreprise.

• À défaut d'accord, le montant de cette contribution est calculé en référence au rapport de la contribution à la masse salariale brute pour l'année précédente. Ainsi, le rapport de la contribution à la masse salariale brute pour l'année N ne peut être inférieur au même rapport existant pour l'année N-1 *(C. trav., art. L. 2312-81)*.

82. Quelles sont les commissions qui doivent être créées au sein du comité social et économique ?

Une commission santé, sécurité et conditions de travail doit être mise en place dans les entreprises d'au moins 300 salariés, les établissements distincts d'au moins 300 salariés, les établissements présentant des risques particuliers mentionnés aux articles L. 2315-44-1 et suivants *(C. trav., art. L. 2315-36)* à savoir les installations nucléaires de base et les entreprises classées « Seveso » et dans les entreprises et établissements distincts de moins de 300 salariés lorsque l'inspecteur du travail l'impose en raison de la nature des activités, de l'agencement ou de l'équipement des locaux.

Une commission des marchés doit être instituée au sein du comité social et économique lorsque le nombre de salariés, les ressources annuelles ou le total du bilan du comité dépasse, pour au moins deux de ces trois critères des seuils mentionnées au II de l'article L. 2315-64 *(C. trav., art. L. 2315-43 et L. 2315-44)*.

En dehors de ces obligations, un accord d'entreprise ou une décision unilatérale de l'employeur peut mettre une commission santé sécurité *(C. trav., art. L. 2315-43 et L. 2315-44)*. Un accord d'entreprise majoritaire au sens du 1er alinéa de l'article L. 2232-12 (donc, sans possibilité de validation d'un accord minoritaire par référendum) peut prévoir la création de commissions supplémentaires pour l'examen de problèmes particuliers *(C. trav., art. L. 2315-45)*.

En l'absence d'accord, les dispositions légales supplétives prévoyant la création de commissions particulières trouveront à s'appliquer. Ainsi :

• dans les entreprises d'au moins 1000 salariés, il devra être créé au sein du comité social et économique une commission économique chargée notamment d'étudier les documents économiques et financiers *(C. trav., art. L. 2315-46 à L. 2315-48)* ;

• dans les entreprises d'au moins 300 salariés, le comité social et économique devra comprendre une commission de la formation *(C. trav., art. L. 2315-49)*, une commission d'information et d'aide au logement *(C. trav., art. L. 2315-50 à L. 2315-55)* et une commission de l'égalité professionnelle *(C. trav., art. L. 2315-56)*.

83. Dans quels cas de figure la mise en place d'une commission santé, sécurité et conditions de travail s'impose-t-elle ?

Au sein de chaque entreprise d'au moins 300 salariés et de chaque établissement distinct d'au moins 300 salariés constitué lors de la mise en place du comité social et économique, au moins une commission santé, sécurité et conditions de travail doit obligatoirement être mise en place. Sans condition d'effectif, une telle commission doit obligatoirement être mise en place dans les établissements encourant des risques particuliers, tels que les installations nucléaires de base et les entreprises classées « Seveso seuil haut » *(C. trav., art. L. 2315-36)*.

Dans les entreprises et établissements distincts de moins de 300 salariés, l'agent de contrôle de l'inspection du travail peut imposer la création d'une commission santé, sécurité et conditions de travail lorsque cette mesure est nécessaire, notamment en raison de la nature des activités, de l'agencement ou de l'équipement des locaux *(C. trav., art. L. 2315-37)*.

En outre, une commission santé, sécurité et conditions de travail centrale est mise en place dans les entreprises d'au moins 300 salariés comportant au moins deux établissements distincts, que l'effectif de ces établissements soit inférieur, égal ou supérieur à 300 salariés *(C. trav., art. L. 2316-18)*.

84. Est-il possible de créer une commission santé, sécurité et conditions de travail dans les entreprises de moins de 300 salariés ?

Dans les entreprises et établissements distincts de moins de 300 salariés, la mise en place d'une ou plusieurs commissions peut être décidée par accord d'entreprise majoritaire au sens du 1er alinéa de l'article L. 2232-12 (sans possibilité de validation d'un accord minoritaire par référendum) ou, en l'absence de délégué syndical, par accord entre l'employeur et le comité social et économique adopté à la majorité des membres titulaires élus de la délégation du personnel du comité *(C. trav., art. L. 2315-43)*.

En l'absence d'accord, l'employeur peut décider unilatéralement de mettre en place une ou plusieurs commissions santé, sécurité et conditions de travail au niveau de l'entreprise, d'un ou plusieurs établissements distincts *(C. trav., art. L. 2315-44)*. Par ailleurs, l'agent de contrôle de l'inspection du travail peut, s'il l'estime nécessaire, imposer la création d'une commission santé, sécurité et conditions de travail dans une entreprise ou un établissement de moins de 300 salariés *(C. trav., art. L. 2315-37)*.

85. Quelles sont les missions de la commission santé, sécurité et conditions de travail ?

La commission santé, sécurité et conditions de travail n'a pas de personnalité morale distincte. Elle est une émanation du comité social et économique. Elle a vocation à préparer les réunions et les délibérations du comité sur les questions de santé, de sécurité et de conditions de travail. À ce titre, elle peut se voir confier par délégation du comité, tout ou partie de ses attributions relatives à la santé, la sécurité et les conditions de travail *(C. trav., art. L. 2315-38)*. Elle dispose, par l'intermédiaire des membres de la délégation du personnel qui la composent, du droit d'alerte en cas d'atteinte aux droits des personnes et de danger grave et imminent.

Il convient toutefois de noter que la commission ne pourra pas se voir confier la possibilité de recourir à l'expert, ni des attributions consultatives, qui relèvent exclusivement de la compétence du comité social et économique.

86. Qui compose la commission santé, sécurité et conditions de travail ?

L'article L. 2315-39 du Code du travail prévoit que :

• la commission est présidée par l'employeur ou son représentant ;

• la commission comprend au minimum trois membres représentants du personnel, dont au moins un représentant du second collège, ou le cas échéant du troisième collège ;

• l'employeur peut se faire assister par des collaborateurs appartenant à l'entreprise et choisis en dehors du comité. Ensemble, ils ne peuvent pas être en nombre supérieur à celui des représentants du personnel titulaires.

Le médecin du travail, le responsable interne du service de sécurité et des conditions de travail, l'agent de contrôle de l'inspection du travail ainsi que les agents des services de prévention des organismes de sécurité sociale sont invités aux réunions de la commission. Le nombre de membres de la ou des commissions est défini par accord d'entreprise ou en l'absence de délégué syndical, par accord entre l'employeur et le comité social et économique adopté à la majorité des membres titulaires élus de la délégation du personnel du comité. À défaut d'accord, ce nombre est défini par le règlement intérieur du comité social et économique (*C. trav., art. L. 2315-44*).

87. Les membres de la commission santé, sécurité et conditions de travail doivent-ils être choisis nécessairement parmi les membres du comité social et économique ?

Oui. Les membres de la commission sont désignés par le comité social et économique nécessairement parmi ses membres titulaires ou suppléants. La désignation se fait à la majorité des membres du comité présents, pour une durée qui prend fin avec celle du mandat des membres élus du comité (*C. trav., art. L. 2315-39*).

88. Comment les modalités relatives à la composition, aux missions et au fonctionnement de la commission santé, sécurité et conditions de travail sont-elles fixées ?

Le nombre de membres, les missions déléguées et leurs modalités d'exercice, les modalités de fonctionnement, la formation et les moyens de la commission santé, sécurité et conditions de travail sont prévus par accord d'entreprise majoritaire au sens du 1er alinéa de l'article article L. 2232-12 (sans possibilité de validation d'un accord minoritaire par référendum) ou, en l'absence de délégué syndical, par accord entre l'employeur et le comité social et économique adopté à la majorité des membres titulaires élus de la délégation du personnel du comité (*C. trav., art. L. 2315-41*).

À défaut d'accord, ces modalités sont définies par le règlement intérieur du comité social et économique.

Ce dernier ne peut, sauf accord de l'employeur, comporter des clauses lui imposant des obligations ne résultant pas de dispositions légales. L'accord de l'employeur constitue un engagement unilatéral de l'employeur que celui-ci peut dénoncer à l'issue d'un délai raisonnable et après en avoir informé les membres de la délégation du personnel du comité social et économique (*C. trav., art. L. 2315-24*).

89. Quelles voies de recours peut-on exercer contre la décision de l'agent de contrôle de l'inspection du travail imposant la mise en place d'une commission santé, sécurité et conditions de travail ?

Le recours contre cette décision est-il suspensif ?

La décision de l'agent de contrôle de l'inspection du travail imposant la mise en place d'une commission santé, sécurité et conditions de travail doit faire l'objet d'un recours préalable obligatoire devant la direction régionale des entreprises, de la concurrence, de la consommation, du travail et de l'emploi territorialement compétente. Cette décision ne peut pas être directement contestée devant le tribunal administratif, sans l'exercice de ce recours administratif préalable obligatoire. Ce recours n'est pas suspensif *(C. trav., art. L. 2315-37)*.

90. Les représentants de proximité peuvent-ils être membres des commissions du comité social et économique ?

Les représentants de proximité peuvent, dès lors qu'ils sont membres du comité social et économique, être désignés membres des différentes commissions du comité social et économique.

91. À quels experts le comité social et économique peut-il faire appel ?

Le comité social et économique peut faire appel à un expert-comptable :

• pour les consultations récurrentes sur les orientations stratégiques de l'entreprise *(C. trav., art. L. 2315-87)*, sur la situation économique et financière *(C. trav., art. L. 2315-88)*, et sur la politique sociale de l'entreprise, les conditions de travail et l'emploi *(C. trav., art. L. 2315-91)* ;

• pour les consultations ponctuelles relatives aux opérations de concentration, à l'exercice du droit d'alerte économique, en cas de licenciements collectifs pour motif économique, aux offres publiques d'acquisition et assistance des syndicats pour négocier un accord de « compétitivité » ou un plan de sauvegarde de l'emploi *(C. trav., art. L. 2315-92)*.

Il peut faire appel à un expert habilité :

• lorsqu'un risque grave, identifié et actuel, révélé ou non par un accident du travail, une maladie professionnelle ou à caractère professionnel est constaté dans l'établissement ;

• en cas d'introduction de nouvelles technologies ou de projet important modifiant les conditions de santé et de sécurité ou les conditions de travail ;

• dans les entreprises d'au moins 300 salariés, en vue de préparer la négociation sur l'égalité professionnelle *(C. trav., art. L. 2315-94).*

Dans les établissements comportant au moins une installation susceptible de donner lieu à des servitudes d'utilité publique, le comité social et économique peut également faire appel à un expert en risques technologiques à l'occasion de la demande d'autorisation environnementale *(C. trav., art. L. 4523-5).*

Le comité social et économique peut faire appel à toute expertise pour la préparation de ses travaux, financée sur son budget *(C. trav., art. L. 2315-81).*

92. Qui finance les expertises du comité social et économique ?

Lorsque le comité social et économique décide d'avoir recours à l'expertise, les frais d'expertise sont pris en charge :

• par l'employeur, à 100 %, concernant les consultations récurrentes sur la situation économique et financière et sur la politique sociale de l'entreprise, les conditions de travail et l'emploi, les consultations ponctuelles en cas de licenciements collectifs pour motif économique et en cas de risques graves *(C. trav., art. L. 2315-80, 1°) ;*

• par le comité social et économique, sur son budget de fonctionnement à hauteur de 20 %, et par l'employeur à hauteur de 80 %, dans les autres cas (orientations stratégiques, opérations de concentration, exercice du droit d'alerte économique, offres publiques d'acquisition, introduction de nouvelles technologies, aménagement important modifiant les conditions de travail) *(C. trav., art. L. 2315-80, 2°)* ainsi que, dans les entreprises d'au moins 300 salariés et en l'absence de tout indicateur relatif à l'égalité professionnelle dans la base de données économiques et sociales, les expertises effectuées en vue de préparer la négociation sur l'égalité professionnelle *(C. trav., art. L. 2315-80, 1°) ;*

En cas d'annulation définitive par le juge de la délibération du comité de recourir à un expert, les sommes perçues par l'expert sont alors remboursées par ce dernier à l'employeur. Le comité social et économique peut, à tout moment, décider de les prendre en charge *(C. trav., art. L. 2315-86).*

Enfin, il convient de noter que le comité social et économique peut faire appel à toute expertise rémunérée par ses soins pour la préparation de ses travaux *(C. trav., art. L. 2315-81).* Lorsque le budget de fonctionnement du comité est insuffisant pour couvrir le coût de l'expertise et qu'il n'y a pas eu de transfert d'excédent annuel vers le budget destiné aux activités sociales et culturelles au cours des trois années précédentes, l'employeur finance l'expertise dans son intégralité.

93. Qu'est-ce que l'expert habilité ?

Avant la réforme introduite par l'ordonnance, les experts auxquels le comité d'hygiène, de sécurité et des conditions de travail pouvait faire appel pour une expertise dans le champ de la santé, de la sécurité au travail devaient être agréés par l'État. Cette procédure d'agrément a été supprimée par l'ordonnance.

Pour une expertise dans le champ de la santé, de la sécurité au travail, le comité social et économique pourra désormais faire appel à des experts habilités par un organisme certificateur lui-même accrédité.

Un arrêté ministériel en cours d'élaboration définira les modalités et les conditions d'accréditation des organismes et de certification des experts *(C. trav., art. R. 2315-51 et R. 2315-52).*

94. Comment s'organise la période transitoire préalable à l'entrée en vigueur du futur dispositif d'habilitation des experts à compter du 1er janvier 2020 ?

La mise en place de la nouvelle procédure d'habilitation nécessitant une période relativement longue, des dispositions transitoires sont prévues à cet effet :

- l'entrée en vigueur du nouveau dispositif est fixée au 1er janvier 2020.

Du 1er janvier 2018 au 31 décembre 2019 :

- les cabinets agréés au 1er janvier 2018 seront considérés comme étant habilités et pourront ainsi effectuer des expertises jusqu'au terme de leur agrément, ce qui veut dire, le cas échéant au-delà du 1er janvier 2020 ;
- deux campagnes annuelles d'agrément seront maintenues pour les seuls candidats non agréés, selon les conditions et modalités antérieures ;
- les cabinets dont l'agrément expire au cours de cette période seront prorogés jusqu'au 31 décembre 2019. Ils n'auront pas à déposer un dossier de demande de renouvellement d'agrément ;
- les agréments pourront être suspendus ou retirés pendant la période transitoire.

95. À combien d'expertises le comité social et économique peut-il faire appel ?

Le comité social et économique peut décider de recourir à un expert-comptable ou à un expert habilité par délibération à laquelle l'employeur ne participe pas *(C. trav., art. L. 2315-78).*

Néanmoins, un accord d'entreprise, ou à défaut un accord conclu entre l'employeur et le comité social et économique, adopté à la majorité des membres titulaires élus de la délégation du personnel peut déterminer le nombre d'expertises dans le cadre des consultations récurrentes sur une ou plusieurs années *(C. trav., art. L. 2315-79)*.

96. Quels sont les délais dans lesquels l'employeur peut contester l'expertise ?

L'employeur saisit le juge judiciaire dans un délai de 10 jours à compter de :

• la délibération du comité social et économique décidant le recours à l'expertise s'il entend contester la nécessité de l'expertise ;

• la désignation de l'expert par le CSE s'il entend contester le choix de l'expert ;

• la notification à l'employeur du cahier des charges et des informations prévues s'il entend contester le coût prévisionnel, l'étendue ou la durée de l'expertise ;

• la notification à l'employeur du coût final de l'expertise s'il entend contester ce coût.

Le président du tribunal de grande instance statue, en la forme des référés, en premier et dernier ressort, dans les 10 jours suivant sa saisine. Cette saisine suspend l'exécution de la décision du comité, ainsi que les délais dans lesquels le comité est consulté, jusqu'à la notification du jugement. Le pourvoi en cassation doit être effectué dans les 10 jours de la notification du jugement *(C. trav., art. L. 2315-86 et R. 2315-49)*.

97. Quels délais encadrent la remise du rapport d'expertise ?

S'agissant des expertises effectuées dans le cadre d'une consultation du comité social et économique, l'expert remet son rapport au plus tard quinze jours avant l'expiration des délais de consultation du comité social et économique.

Pour les autres expertises qui ne sont pas réalisées dans le cadre d'une consultation du comité social et économique notamment l'expertise en cas de risques graves ou d'exercice du droit d'alerte économique : à défaut d'accord d'entreprise ou d'accord entre l'employeur et le comité social et économique, adopté à la majorité des membres titulaires élus de la délégation du personnel, l'expert remet son rapport dans un délai de deux mois à compter de sa désignation. Ce délai peut être renouvelé une fois, pour une durée maximale de deux mois, par accord entre l'employeur et le comité social et économique *(C. trav., art.*

R. 2315-47). La loi prévoit des dispositions spécifiques s'agissant de l'expertise menée dans le cadre d'un plan de sauvegarde de l'emploi.

CHAPITRE 10 Conseil d'entreprise

98. Qu'est-ce que le conseil d'entreprise ?

Le conseil d'entreprise est la dénomination du comité social et économique lorsqu'en plus des attributions qui lui sont normalement dévolues, il devient seul compétent pour négocier, conclure et réviser les conventions et accords d'entreprise ou d'établissement *(C. trav., art. L. 2321-1)*.

Le conseil d'entreprise est doté d'un pouvoir de codétermination sur une liste de thèmes fixés par l'accord qui l'institue, parmi lesquels figure obligatoirement la formation. Sur ces thèmes, l'employeur perdra son pouvoir de décision unilatérale, puisqu'il devra nécessairement obtenir l'accord préalable du conseil d'entreprise *(C. trav., art. L. 2321-3)*.

La transformation du comité social et économique en conseil d'entreprise est décidée soit par un accord d'entreprise à durée indéterminée majoritaire au sens du 1er alinéa de l'article L. 2232-12 (donc, sans possibilité de validation d'un accord minoritaire par référendum), soit par un accord de branche étendu pour les entreprises dépourvues de délégués syndical *(C. trav., art. L. 2321-1)*.

99. La mise en place du conseil d'entreprise fait-elle disparaître le mandat des délégués syndicaux ?

Non, la mise en place du conseil d'entreprise ne fait pas disparaître le mandat des délégués syndicaux. Ceux-ci perdent en revanche la prérogative de négocier, conclure et réviser les conventions et accords dans l'entreprise ou l'établissement.

100. Est-il possible de modifier l'accord prévoyant la mise en place du conseil d'entreprise, pour tenir compte d'un changement d'organisation de l'entreprise intervenu entre temps ?

L'accord collectif instituant le conseil d'entreprise étant un accord de droit commun obligatoirement à durée indéterminée, les règles relatives à la dénonciation prévues aux articles L. 2261-9 et suivant du Code du travail s'appliquent.

La dénonciation par une partie des signataires ne remet pas en cause la validité de l'accord. Celui-ci continuera de produire effet à l'égard des acteurs de la dénonciation jusqu'à l'entrée en vigueur de la convention ou de l'accord qui lui est substitué et ce, dans un délai d'un an suivant le délai de 3 mois de préavis

(*C. trav., art. L. 2261-11*). Si aucun accord de substitution n'est conclu, la représentation du personnel de l'entreprise rebascule dans le système de droit commun et continue à produire ses effets avec un comité social et économique d'une part et des délégués syndicaux d'autre part, chacun exerçant les attributions qui leur sont habituellement dévolues.

Photocomposition Nord Compo Multimédia
59650 Villeneuve d'Ascq

Achevé d'imprimer en août 2018
dans les ateliers de Druckerei C.H.Beck à Nördlingen
Dépôt légal : septembre 2018
Imprimé en Allemagne